Christina Kuhn und Christian Löhden

111 Orte in der Pfalz, die man gesehen haben muss

111

emons:

Bibliografische Information der Deutschen Nationalbibliothek
Die Deutsche Nationalbibliothek verzeichnet diese Publikation in der Deutschen Nationalbibliografie; detaillierte bibliografische Daten sind im Internet über http://dnb.d-nb.de abrufbar.

FSC
www.fsc.org
MIX
Papier aus verantwortungsvollen Quellen
FSC® C083411

Gestaltung: Eva Kraskes, nach einem Konzept von Lübbeke | Naumann | Thoben
Kartografie: altancicek.design, www.altancicek.de
Druck und Bindung: CPI – Clausen & Bosse, Leck
Printed in Germany 2020
Erstausgabe 2013
ISBN 78-3-7408-1192-1
Aktualisierte Neuauflage November 2020

Vorwort

Wieso muss ein Pfälzer Dorf eine ukrainische Stadt doubeln? Warum mag der Weinbauer die Elwedritsche nicht? Und wieso läuft beim Zeremonienmarsch im Weißen Haus nichts ohne den Pfälzer Georg Drumm?

Erfahren Sie mit »111 Orten in der Pfalz, die man gesehen haben muss« die Antworten und vieles Wissenswerte mehr über eine unterschätzte Region im Südwesten Deutschlands. Die einstmals bayerische Pfalz beherbergt neben Städten wie Landau, Ludwigshafen, Kaiserslautern und Speyer ganz unterschiedliche Landschaften. Die weitläufige Ebene am Rhein bietet einen Kontrast zum fast schulmäßigen Mittelgebirge des Pfälzer Waldes. Dazwischen liegen die Hügel und Hänge der Südlichen Weinstraße mit ihrem beinahe mediterranen Klima, das die Pfalz zum zweitgrößten Weinbaugebiet Deutschlands macht. Wesentlich rauer geht es im dünn besiedelten Nordpfälzer und Westricher Bergland zu. Burgen bieten tolle Aus- und Anblicke und die Gegend viel Historie und Histörchen:

Die Pfalz ist demokratisch: Deshalb entscheidet ein Pfälzer Testdorf auch darüber, was demnächst in bundesdeutschen Einkaufswagen landet. Die Pfalz ist erfinderisch: Hier wurde mit dem »Klappmeter« das Maß aller Dinge geschaffen. Und die Pfalz ist erfolgreiche Exporteurin: Santa Claus geht auf den Pfälzer Belzenickel zurück – und eben nicht auf ein koffeinhaltiges Limonadengetränk.

Angenehm verrückt sind sie, die »Pälzer«: Sie zapfen Wein nicht nur aus Weinfässern, sondern gehen auf ein Gläschen gleich hinein. Ihre Vorliebe für Saumagen (der im Übrigen schon zur politischen Entspannung beigetragen hat) mutet Außenessenden komisch an, ebenso, dass die Pfälzer ihre Würste feiern. Aber schließlich sind sie sehr gesellig – und noch dazu musikalisch: Als Wandermusikanten zogen sie einst bis nach Amerika.

Ja, es ist schön in der Pfalz, hier können Sie entspannen und 111 Geschichten zuhören – öffnen Sie dazu ein Fläschchen Pfälzer Wein und probieren Sie Saumagen.

111 Orte

1 Der 20-Röhren-Brunnen

»Gottes Brünnlein« sprudelt spärlich

Man stelle sich vor: Von langem Wege ausgezehrt, steuert ein Wandersmann auf einen Brunnen zu und denkt voll Vorfreude: Gleich kann ich sprudelndes Nass zur Stillung des Durstes und zur Kühlung des Gesichts mir zuführen. Er steht vor dem Brunnen und sieht – dass er nichts sieht. Zumindest kein sprudelndes Wasser, dafür eine schmale bemooste Rinne am Fuße einer Sandsteinmauer, aus der 20 Röhren ein kurzes Stück hervorlugen. Ernüchtert lässt sich der Wanderer nieder und liest die Inschrift aus alter Zeit, die ein Gespräch zwischen Brunnen (B) und Wanderer (W) wiedergibt: »Siehe, Wanderer: Gottes Brünnlein hat Wasser die Fülle! W.: Ja, Brünnlein, du hast Wassers die Füll; Gibst Jedem zu trinken, der da will. B.: Der reiche Gott hat mirs gegeben; Machs mir nur nach, so wirst du leben! W.: Was bleibt dann aber mir zuletzt? B.: Ein Wasser, das ewig dich ergötzt.«

Von so poetischem Lob für die Freigiebigkeit des Brunnens ergriffen, beginnt der Wandersmann, über dessen Geschichte nachzuforschen. Für ihre Entstehungszeit um das Jahr 1600 ist die Anlage eine ingenieurstechnische Meisterleistung. Die Leininger Grafen ließen zur Versorgung ihrer Burg Altleiningen hoch über dem Ort eine Spaltenquelle tief im Untergrund anzapfen. Das Wasser tritt aus einer Verwerfung im Gestein aus, wird in zwei großen unterirdischen Brunnenkammern gesammelt und mit Hilfe eines ausgeklügelten Systems im Fluss geregelt. So strömt es gleichmäßig aus allen 20 Röhren – normalerweise. In den letzten Jahren nahm das Wasser jedoch oft ungünstige Wege. So machte es keinen Halt vor der Garage eines Anwohners. Eine technische Lösung mit Rohrleitungen, die es von der Quelle direkt zum Brunnen führt und damit allen Bedürfnissen gerecht wird, ist in Planung. Und so darf man hoffen, dass bald wieder 20-mal kühlendes Nass aus den Röhren fließt und Auge und Kehle manch Wanderers erfreut.

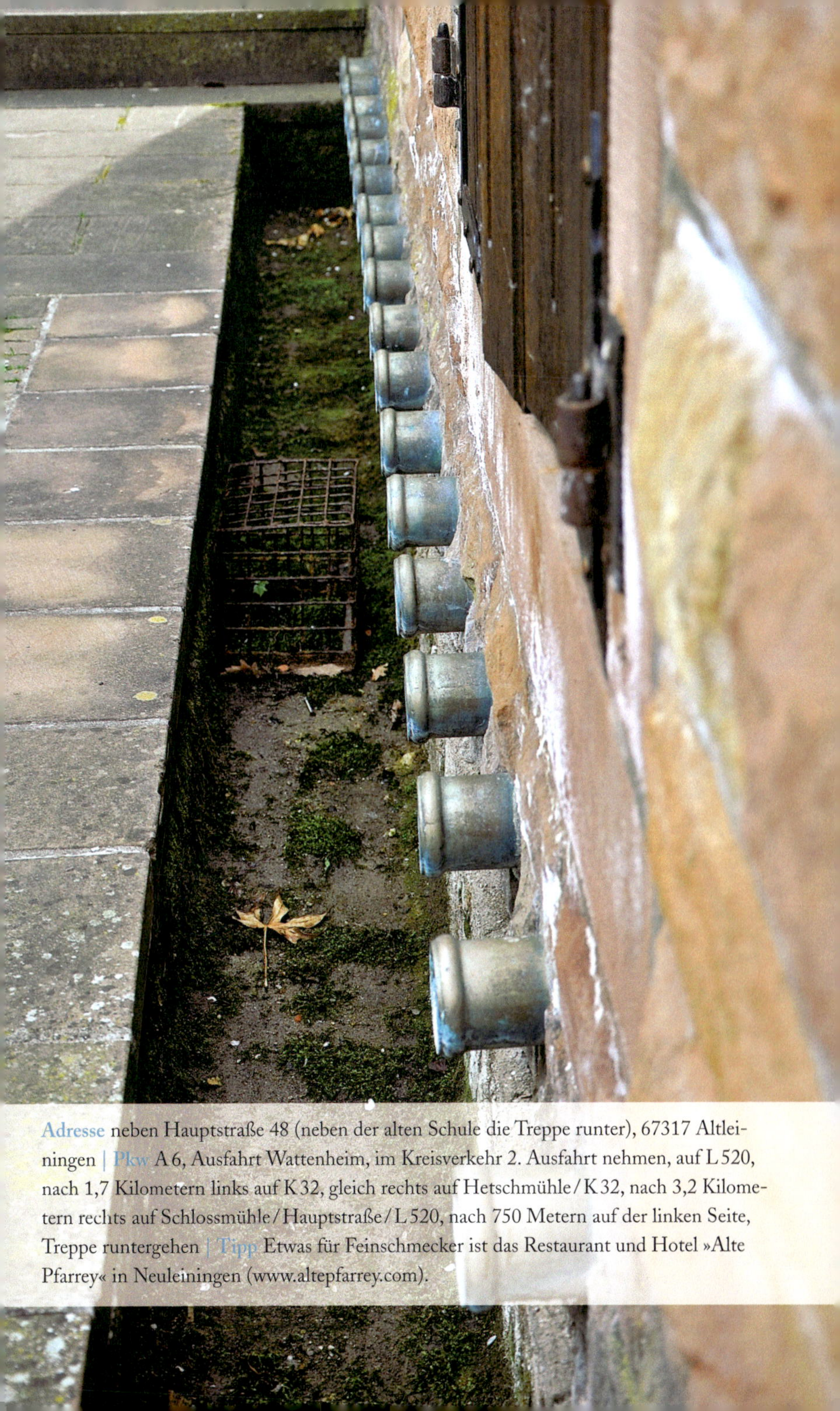

Adresse neben Hauptstraße 48 (neben der alten Schule die Treppe runter), 67317 Altleiningen | Pkw A 6, Ausfahrt Wattenheim, im Kreisverkehr 2. Ausfahrt nehmen, auf L 520, nach 1,7 Kilometern links auf K 32, gleich rechts auf Hetschmühle / K 32, nach 3,2 Kilometern rechts auf Schlossmühle / Hauptstraße / L 520, nach 750 Metern auf der linken Seite, Treppe runtergehen | Tipp Etwas für Feinschmecker ist das Restaurant und Hotel »Alte Pfarrey« in Neuleiningen (www.altepfarrey.com).

2 Die Rheinfähre

Entschleunigung im Ballungsraum

Schnell über den Strom nach Hause möchte der Berufspendler am Feierabend. Radeln in naturnahen Flussauen – das möchte er am Wochenende mit seiner Familie. Der Konflikt zwischen Wirtschaft und Verkehr auf der einen Seite, Natur und Erholung auf der anderen besteht am Rhein bei Altrip seit Jahrzehnten.

Nur wenige Kilometer von den Großstadtzentren entfernt, quert hier die Fähre Altrip–Mannheim-Neckarau den Rhein. Auf Mannheimer Seite viel Industrie und ein Großkraftwerk, auf pfälzischer Seite die Prinz-Karl-Wörth-Insel, ein Naturschutzgebiet mit Altrheinarm und eine Baggerseenlandschaft. Die grüne Lunge für das Ballungsgebiet. Die Fähre befördert jede Viertelstunde bis zu 21 Autos, auch eine Regionalbuslinie setzt mit ihr über, zwischen 22.15 Uhr und 5.30 Uhr ist Pause. Mit einer Brücke ginge alles schneller, und andere Wege würden entlastet. So plante man ab den 1970er Jahren die Autobahn 655 als südliche Umgehung des Großraums Mannheim-Ludwigshafen samt Rheinbrücke genau dort, wo die Fähre verkehrt. Naturschutzgebiete und das Naherholungsgebiet Blaue Adria wären durch diese Trasse zerschnitten worden, für die Fähre, längst eine regionale Institution, würde eine Brücke das sichere Aus bedeuten.

Nicht zuletzt aus finanziellen Gründen wurde das Projekt schließlich aus dem Verkehrswegeplan genommen. Wirtschaftsverbände heizen das Thema jedoch immer wieder an. Es bestehe ein »Erreichbarkeitsdefizit«. Auch 55.000 Autos, die durch eine Brücke dem innerstädtischen Verkehr jeden Tag erspart blieben, klingen beeindruckend. Zwar gab die Landesregierung von Rheinland-Pfalz das Projekt 2011 auf, doch sind die Schubladen mit den Plänen sicher nicht für alle Zeit geschlossen. Derweil üben sich die Autofahrer, die auf die Fähre warten, in Geduld und überqueren den Fluss in gewohnt gemächlichem Takt. 2012 feierte die Fährverbindung übrigens ihr 750-jähriges Jubiläum.

Adresse An der Fähre, 67122 Altrip | **Pkw** A 61, Ausfahrt Speyer, auf B 9 Richtung Ludwigshafen, Ausfahrt Waldsee-Nord, rechts auf L 533 Richtung Waldsee, nach 1,5 Kilometern Rehhütter Straße / L 534, auf Schillerstraße / K 13, rechts auf K 13, nach 4,3 Kilometern rechts auf Speyerer Straße, im Kreisverkehr 1. Ausfahrt, rechts auf Ludwigstraße, weiter auf Rheinstraße, links auf An der Fähre, circa 1 Kilometer bis zum Ableger | **Öffnungszeiten** Abfahrt Mo–Sa viertelstündlich von Altrip 5.30–22.15 Uhr, So, Feiertage viertelstündlich von Altrip 8–22.15 Uhr | **Tipp** Im Sommer nach Feierabend mit der Fähre fahren, und schon ist man an der »Blauen Adria«. So heißt das Naherholungsgebiet westlich von Altrip mit Altrheinarmen und Baggerseen. Fehlen nur noch Espresso, Spaghettieis und Bitterlikör für la Dolce Vita.

3 Die Reichsburg Trifels

Krone, Zepter, Löwenherzkäfig

Das ist mal eine Burg! Ein absoluter Blickfang, zum Beispiel für den vorbeirauschenden Verkehr auf der Bundesstraße 10. Berühmt ist sie auch noch. Und als eine der ganz wenigen in der Pfalz ist sie intakt – keine Ruine. Man könnte direkt einziehen. Sollte solch ein Ort den Weg in diesen Entdeckungsführer finden, obwohl er nicht mehr entdeckt werden muss? Ist er nicht zu präsent, zu »mainstreamig«?

Die Antwort fällt leicht – denn gesehen haben muss man die Reichsburg Trifels als Pfalz-Besucher! War sie doch im 12. und 13. Jahrhundert Schauplatz wichtiger Geschehnisse im Heiligen Römischen Reich – einer von vielen, muss dazugesagt werden. Die Herrscher kannten keine festen Residenzen – zu gefährlich, zu unflexibel; häufig wechselte man die Aufenthaltsorte. Im Jahr 1194 zog Kaiser Heinrich VI. hier in den Kampf gegen die Normannen, danach nannte er Sizilien sein Eigen. Ein Jahr zuvor saß der englische König Richard Löwenherz für mindestens drei Wochen – es mögen auch erheblich mehr gewesen sein – hier in Gefangenschaft, nachdem man ihn auf dem Rückweg von einem Kreuzzug festgenommen hatte. Der Vorwurf: Er unterstütze mit den Normannen und den welfischen Fürsten gleich zwei Feinde des Kaisers. Mit den Herrschern reisten auch die Reichskleinodien, zwischen 1113 und 1300 befanden sie sich diverse Male auf dem Trifels. Heute sind hier Nachbildungen zu besichtigen, die Originale liegen in der Wiener Hofburg.

Ab dem Jahr 1400 verlor die Burg massiv an Bedeutung und wurde 1602 nach einem Blitzschlag aufgegeben. Bereits im 19. Jahrhundert wurde mit dem Wiederaufbau begonnen, der sich bis in die 1970er Jahre zog. Einen Höhepunkt erreichte die Rekonstruktionswut unter den Nationalsozialisten. Für den Palas mangelte es an historischen Zeugnissen, und so errichtete man ihn, auch um historische Größe zu postulieren, willkürlich im Stil italienischer Stauferburgen.

Adresse Trifelsstraße 72, 76855 Annweiler | Pkw B 10, Landau–Pirmasens, hinter Annweiler links auf B 48, nach 240 Metern rechts auf B 48, nach 170 Metern links auf Altenstraße / K 2, nach 240 Metern rechts auf Trifelsstraße / K 2, circa 6 Kilometer bis zur Burg | Öffnungszeiten 1. Feb. – 14. März, 1. Nov. – 1. Dez. Sa, So und Feiertage 10 – 17 Uhr; 15. März – 31. Okt. Di – So 10 – 18 Uhr; 2. Dez. – 31. Jan. geschlossen | Tipp Die Wassergasse in der Altstadt von Annweiler trägt ihren Namen nicht zu Unrecht. Sie folgt dem Flüsschen Queich zwischen Fachwerkhäusern und geizt nicht mit lauschigen Plätzen.

4 Die Trifelsruhe

Hier liegen Sie natürlich richtig

»Müde bin ich, geh zur Ruh, schließe beide Äuglein zu ...« – was eigentlich ein Abendgebet ist, kann man auch übertragen lesen: Das Leben ist endlich. Das mag bei manchem die Frage aufwerfen: Wo wird meine letzte Ruhestätte sein? Während viele Menschen ihre Energie in die Planung des nächsten Urlaubs, des nächsten Autokaufs oder der nächsten Silvesterparty stecken, schieben sie die Frage nach der eigenen Begräbnisstätte gern vor sich her. Das ist nur zu verständlich, wer plant schon gern über seinen Tod hinaus?

Nicht selten jedoch werden die Leute, die zufällig oder aus gegebenem Anlass zur Trifelsruhe in Annweiler kommen, von der Schönheit und Ruhe dieses Ortes inspiriert und beginnen umzudenken. Bei dem hübschen Waldstück am Ebersberg handelt es sich um eine Naturbegräbnisstätte, die von der Stadt Annweiler am Trifels und der städtischen Trifels Natur GmbH in Eigenregie betrieben wird. Genauso selbstbestimmt, so sieht es das Konzept vor, soll man sich mit seinem Tod auseinandersetzen. Und weil immer weniger Menschen Kirchenmitglieder sind, sich dafür aber immer häufiger wieder als Teil des Kreislaufs der Natur wahrnehmen, ermöglicht die Trifelsruhe es, unabhängig von Konfession oder Glaube in die Natur zurückzukehren.

Und das geht – salopp gesagt – so: Die Trifelsruhe besichtigen, inspirieren lassen, ein Naturmerkmal aussuchen (Baum, Sandsteinfindling, Charakterbaumgruppe, Wurzelteller, Baumstumpf oder einen eigenen Lebensbaum), sterben und nach einer individuell gestaltbaren Trauerfeier in der biologisch abbaubaren Trifelsruhe-Urne an ebendiesem Naturmerkmal beigesetzt werden. Auf Wunsch erinnert ein Schild in Form eines Efeublattes an den Verstorbenen. Und das Beste: Das Grabpflegekonzept in der Trifelsruhe ist an moderne Lebzeiten und den häufigen Zeitmangel der Angehörigen angepasst – hiermit ist nämlich die Natur beauftragt; die Sorge vieler Menschen, Angehörige mit der Aufgabe zu belasten, ist also hinfällig.

Adresse Trifelsstraße/K 2 Richtung Burg Trifels, 76855 Annweiler am Trifels, www.trifelsruhe.de | ÖPNV Bus 527, Haltestelle Trifelsruhe | Pkw B 10 Richtung Pirmasens/Annweiler, bei Ausfahrt Annweiler-Ost auf In den Bruchwiesen fahren, im Kreisverkehr 1. Ausfahrt auf Landauer Straße/L 490, ab hier Schildern folgen | Öffnungszeiten ganzjährig geöffnet | Tipp Etwas weiter oberhalb liegt die Reichsburg Trifels (siehe Seite 14), die man – genauso wie die Trifelsruhe – über den Wanderweg Nr. 2 erreichen kann.

5 Das Gasthaus »Zum Engel«

Amtssitz, wechsel dich!

Bad Bergzabern ist ein hübsches Städtchen, nahe dem südlichen Anfang der Deutschen Weinstraße und am Rande des Pfälzer Waldes gelegen. Wo also Weinberge auf Wald und moderne Thermalanlagen auf eine historisch verwinkelte Altstadt treffen, lassen sich idyllische Tage oder auch Kuren verleben – und ganz nebenbei etwas über die Pfälzer Geschichte lernen.

Denn hier, im Bad Bergzaberner Schloss, residierten einst die Herzöge von Pfalz-Zweibrücken. Und weil ein Herzogtum viel Verwaltung bedeutete, gab es einen Oberamtmann, der der höchsten Verwaltungsbehörde vorstand und persönlich für das Schalten und (Ver-)Walten im Oberamt Bergzabern verantwortlich war. Und damit ebenjener Oberamtmann trotz so vieler Verantwortung noch gut schlafen konnte, wurde unter Herzog Johann I. 1579 der Verwaltungs- und Wohnsitz der Oberamtmänner in Schlossnähe fertiggestellt. Der »schönste Renaissancebau der Pfalz«, wie der Adelshof gern genannt wird, steht auf schiefwinkligem Grundriss um einen Hof mit hübschen Treppentürmen und Stiegen. Die Fassade ist reich an Giebeln, Wasserspeiern und aufwendigen Erkern – aus deren Fenstern der Oberamtmann seinen kontrollierenden Blick über die Straße schweifen lassen konnte.

1801 war Schluss mit dem Herzogtum Pfalz-Zweibrücken; längst schon war der Oberamtmann ausgezogen. 1802 kaufte Reinhard Fleckstein das schöne Haus und eröffnete eine Gaststätte, was er mit dem klassizistischen Wirtshausschild »Zum Engel« ankündigte. Bis vor einigen Jahren befand sich – mit Unterbrechungen und nach Renovierungen – eine Gaststätte dieses Namens im Erdgeschoss des Hauses, während 1982 das Stadtmuseum samt Martha-Saalfeld-/Werner-vom-Scheidt-Gedächtnisstätte in die oberen Stockwerke zog. Und die Verwaltung der heutigen Verbandsgemeinde? Die residiert inzwischen im Schloss; denn das stand ja mit dem Auszug der Herzöge leer.

Adresse Königstraße 45, 76887 Bad Bergzabern | **Pkw** A 65, Ausfahrt Kandel-Nord, Richtung Bad Bergzabern, links auf L 542, links ab, um auf L 542 zu bleiben, rechts auf L 548, geradeaus auf Minfelder Straße/B 427, 9,3 Kilometer folgen, dabei zwei Kreisverkehre passieren, in Bad Bergzabern im Kreisverkehr 3. Ausfahrt (Weinstraße/B 427), rechts auf Königstraße | **Öffnungszeiten** Museum April–Dez. Di–Fr 16–18 Uhr, Sa, So 14–18 Uhr, Tel. 0151/22013623 | **Tipp** In der Kurstadt Bad Bergzabern befinden Sie sich an der »Quelle des Wohlbefindens an der Südlichen Weinstraße«, wie die Südpfalz Therme beworben wird (www.suedpfalz-therme.de).

6 Der Gradierbau

»… geboren auf der Saline«

Wer Mitte des 19. Jahrhunderts in Dürkheim – ein »Bad« wird die Stadt erst 1905 – das Licht der Welt erblickte, der wurde auf dem hiesigen Standesamt oft mit dem Zusatz »geboren auf der Saline« registriert. Erstmals 1387 wurde aus den Dürkheimer Salzquellen das weiße Gold gewonnen, wenn auch nur in geringem Umfang. 1594 wurde die erste Saline im aufgehobenen Kloster Schönfeld eingerichtet, die im Zuge des Dreißigjährigen Krieges zusehends verfiel. So dauerte es bis 1716, bis der neue Pächter, der Elsässer Georg Jakob Duppert, ein erstes nach ihm benanntes Gradierwerk baute. Mit dessen Übernahme durch die Kurpfalz unter Kurfürst Karl Philipp im Jahr 1736 und der Umbenennung in »Saline Philippshall« kamen fünf weitere Gradierwerke hinzu, das Dürkheimer Salz wurde als »Kurpfälzer Nationalsalz« eine echte Marke und die Saline zum wichtigsten Arbeitgeber der Zeit. Produktionsstätten und die Wohnungen für die Arbeiter wurden zu einem eigenen Mikrokosmos in der Stadt, sodass eben nicht wenige auf der Saline geboren wurden.

Der heutige Bau steht an der Stelle des 1847 errichteten Gradierwerks, das 1992 und 2007 nach Brandstiftung in Teilen abgerissen und saniert werden musste. Noch immer misst es aber stolze 333 Meter und ist damit eines der längsten Gradierwerke Deutschlands. Seitdem 1913 für die Salzgewinnung das wirtschaftliche Aus kam, wird der Bau ausschließlich für therapeutische Zwecke als Freiluftinhalatorium genutzt. Das Quellwasser aus der Maxquelle im Kurgarten läuft über eine Wand aus Tausenden Reisigbündeln, verdunstet und erhöht den Salzgehalt der Luft: Gesundes Meeresklima in der Pfalz ist das Ergebnis. Aber der Bau kann noch mehr: Auf seiner 4.000 Quadratmeter großen Dachfläche wurde eine Fotovoltaikanlage errichtet, deren 250.000 Kilowattstunden Strom pro Jahr nahezu den gesamten Wurstmarkt erhellen – des Bad Dürkheimers liebstes Kind (siehe Seite 24).

Adresse Gutleutstraße, 67098 Bad Dürkheim | **ÖPNV** Bahnhof Bad Dürkheim, 10 Minuten Fußweg | **Pkw** A 650 bis Übergang auf B 37, Ausfahrt Richtung Deidesheim/Wachenheim/Bad Dürkheim/Am Neuberg, geradeaus bis auf Mannheimer Straße, Höhe Kurgarten parken, dann Fußweg | **Öffnungszeiten** April–Sept. 10–20 Uhr; Okt.–März 10–16 Uhr; 20. Dez.–31. Jan. geschlossen | **Tipp** Nahe dem Gradierbau steht am Schlossplatz 6–7 das Kurhaus. Es ist nicht nur aufgrund seiner klassizistischen Architektur eine Touristenattraktion, sondern auch wegen der Spielbank im Erdgeschoss – heute ein wichtiger Wirtschaftsfaktor der Stadt.

7 Das Riesenfass

»Fritz, hör auf, du machst dich bankrott.«

In der Pfalz mag man Superlative – und deutschen Wein. Warum also nicht mit einem Superlativ ebenjenem deutschen Wein ein Denkmal setzen? Das dachte sich auch der Winzer und angehende Küfermeister Fritz Keller, als er Anfang der 1930er für seine Meisterprüfung an einem Weinfass werkelte. Ein Riesenfass kam ihm in den Sinn, so groß, dass es alle Rekorde brechen würde.

Doch gut Spleen will Weile haben – und vor allem auch bestens vorbereitet sein. Für ein Fass mit 1,7 Millionen Liter Volumen – und ein solches schwebte Keller vor – bedarf es ordentlich Holz, und das findet man nicht einfach so vor der Hütte, zum Glück aber im Schwarzwald. Man nehme also rund 200 Tannen mit einer Höhe von 40 Metern, schaffe diese in einer Nacht-, aber keineswegs Nebelaktion in die Pfalz (die offizielle Sondergenehmigung lag vor) und hobelt, was das Zeug hält. Insgesamt 178 Dauben mit 15 Meter Länge und 15 Zentimeter Stärke wurden aus vielen Schwarzwälder Tannen hergestellt.

Doch wo gehobelt wird, da fallen Späne, und oft musste sich Fritz Keller Schelte ob seines Vorhabens anhören. Nun liegt es aber in der Natur von Spleenikern, dass sie sich ihre Ideen nicht ausreden lassen. Zum Glück, denn sonst wäre Bad Dürkheim ohne Weltrekord! Anfang 1934 begannen Keller und seine Unterstützer mit dem Bau, und am Ende stand ein hohes Riesenfass mit 13,5 Meter Durchmesser vis-à-vis dem Wurstmarktgelände. Und wenn auch nicht mit Wein, so füllte sich das »Fässle«, wie es von den Einheimischen liebevoll genannt wird, schnell mit Gästen. Sie kamen und kommen zum Essen und zum Weintrinken – das Fass ist Restaurant samt Weinstube –, und insofern füllt sich indirekt auch das Fass mit Wein! Übrigens: Die Innenwände sind ausgestattet mit kunstvoll handgeschnitzten Eichenholz-Fassböden, die vom Werden des Weins berichten. Auch beim Trinken kann man also noch etwas lernen!

Adresse Sankt-Michaels-Allee 1, 67098 Bad Dürkheim | ÖPNV Bahnhof Bad Dürkheim, 10 Minuten Fußweg | Pkw A 650 bis Übergang auf B 37, nach 4,3 Kilometern links halten auf B 271/B 37, weiter auf B 37, im Kreisverkehr 3. Ausfahrt auf Große Allee, rechts ab auf Sankt-Michaels-Allee | Öffnungszeiten Küche April–Okt. Mo–So 11.30–circa 22 Uhr; Nov.–März Mo–So 11.30–circa 21.30 Uhr | Tipp Schon die Römer kelterten in der Pfalz ihren Wein. Interessantes Zeugnis ist die Römervilla Weilberg in Bad Dürkheim-Ungstein, ein römisches Weingut mit Kelteranlage und Herrenhaus aus dem 3. Jahrhundert.

8 Der Wurstmarkt

»Wer vum Worschtmarkt bleibt dehäm ...«

»... der duht em läd und dauert ehm.« Das Fazit des Dürkheimer Heimatdichters Karl Räder nach seinem Wurstmarktbesuch ist eindeutig. Und vielleicht war es das angedrohte Mitleid, das 2012 rund 685.000 Besucher auf den Wurstmarkt hat strömen lassen – bis dato ein neuer Rekord! Auch der Wein – traditionell aus Bad Dürkheim – floss in rekordverdächtigen Strömen: 670.000 »Dubbegläser«, das Pfälzer Schoppenglas mit 0,5 Liter Inhalt, wurden über die Theken der »Schubkarchstände« gereicht. Wäre es nach den Wünschen vieler Dürkheimer gegangen, hätte das größte Weinfest der Welt (Achtung, noch ein Rekord!) kein Ende gefunden. Sogar in Coronazeiten feierten sie unter dem Motto »Mein Worschdmarkt Dehääm«. Wie gut, dass ihm zu Ehren zwei Denkmäler im Stadtbild zu finden sind. Und weil sie an verkehrsstrategisch wichtigen Stellen stehen – der Wurstmarktbrunnen direkt am Bahnhof und eine Wurstmarktskulptur inmitten eines Verkehrskreisels –, kann sie zum Glück niemand übersehen.

Während Mathias Nikolaus in seiner Skulptur (2004) den Wurstmarkt symbolisch darstellt, mit einem »Dubbeglas«, zwei Stielgläsern, Trauben, einem Winzerkopf und dem obligatorischen Riesenrad, hat Walter Graser seinen Brunnen (1988) in typischen Szenen angelegt. Eine von ihnen mit mittelalterlichem Mönch, der mit seinem Saufkumpan trinkt, erinnert an den Anlass des Festes 1417: eine Wallfahrt zur Michaelskapelle, die den Pilgern satte 100 Tage Ablass einbrachte. Um die dementsprechend große Pilgerzahl auch körperlich zu stärken, fackelten die Dürkheimer Winzer nicht lang, sondern beluden ihre Schubkarren mit Weinfässern. Vor der Kapelle angekommen, wurden die Karren umgedreht und dienten als Theke – nun ist auch dem Nichtpfälzer klar, was »Schubkarchstände« sind. Ei, was war das für eine freudige Wallfahrt – eher einem Jahrmarkt gleich! Und weil Wein zwar lecker ist, aber nur bedingt satt macht, gab es eben auch noch Würste zu essen – daher also die »Wurst« im »Wurstmarkt«.

Adresse Wurstmarkt: Sankt-Michaels-Allee 1; Wurstmarktskulptur Kreisel: Kreisverkehr Weinstraße Nord / B 37 und L 517; Wurstmarktbrunnen: Bahnhofsvorplatz, 67098 Bad Dürkheim | **ÖPNV** Bahnhof Bad Dürkheim, zum Kreisel und Wurstmarktgelände 10 Minuten Fußweg | **Pkw** A 650 bis Übergang auf B 37, nach 4,3 Kilometern links halten auf B 271 / B 37, weiter auf B 37, im Kreisverkehr 3. Ausfahrt auf Große Allee, rechts ab auf Sankt-Michaels-Allee | **Öffnungszeiten** Denkmal und Brunnen frei zugänglich; Wurstmarkt jeweils am 2. Fr im Sept. über 9 Tage | **Tipp** Der Ungsteiner Kreisel (Kreisel Altenbacher Straße, Wormser Straße / L 455, Gundheimer Gasse) bezieht sich auf das Weingut Weilberg (siehe Tipp Seite 23). Am Wellsring 45 findet sich der Jungbrunnen von Walter Graser – vor einem Altersheim.

9 Die Blitzröhren

Geologie zum Anfassen

Es passiert gleich hinter der letzten Windung der kurvenreichen Straße, die einigermaßen spektakulär nach Battenberg hinaufführt. Während man die Rheinebene hinter sich zurücklässt, tauchen rechts des Wegs unvermittelt skurril gestaltete Felsformationen in greller Ockerfarbe auf. Beim Anblick des Gesteins mit seiner organischen Formung kommt unweigerlich der Gedanke an Eingeweide auf. Mit Phantasie begabte Menschen mögen hier auch den Einstieg ins Höllenreich sehen.

Der Sandstein ist teilweise zu vertikalen Röhren geformt, die an ihren Enden von der Felswand gehalten werden. Ihren Namen erhielten die Gebilde, weil man ihre Entstehung früher auf Blitzeinschlag zurückführte. Das klingt hübsch spektakulär, doch entstanden die Formen tatsächlich durch lange währende Einwirkung eisenhaltiger Mineralien. Während des Erdzeitalters des Tertiärs senkte sich die Erdoberfläche in der Oberrheinischen Tiefebene ab, gleichzeitig hob sich der einstige Meeresboden an seinen Rändern. Eine dieser sogenannten Grabenschultern ist der Leininger Sporn, auf dem Battenberg liegt. Durch Erosion wurde der Sandstein genau an der Stelle der Blitzröhren freigelegt – das war vor 32 Millionen Jahren. Schließlich lagerte sich an der Nahtstelle zwischen Mittelgebirge und Ebene Wasser aus einer eisenhaltigen Quelle in den Buntsandstein ein. Durch das Eisen wurde der Sand zu festen, skulpturalen Röhren verformt, die bis zu 30 Prozent Eisen enthalten können, in ihrem Innern sind sie mit Sand gefüllt. Eine geologische Besonderheit, die – gemeinsam mit ähnlichen Gebilden im benachbarten Neuleiningen – deutschlandweit einmalig ist.

Die Menschen des 19. Jahrhunderts, wahre Banausen im Umgang mit Naturdenkmälern, bauten hier Ockersand für die Färbung von Häuserfassaden ab. Beim Anblick mancher Gebäude, gerade auch der Reste der Burg Battenberg, erkennt man, wo der Ocker verblieben ist.

Adresse Hauptstraße, 67271 Battenberg in der Pfalz | Pkw A 6, Ausfahrt Grünstadt, auf B 271, Richtung Bad Dürkheim, im Kreisverkehr 3. Ausfahrt, nach 2 Kilometern in Kirchheim rechts auf Kleinkarlbacher Straße / L 520, nach 2,5 Kilometern links auf L 517 Richtung Bobenheim am Berg, nach 550 Metern rechts auf K 30 Richtung Battenberg, nach circa 1,2 Kilometern links parken, die Blitzröhren liegen gegenüber der Straße | Tipp Im Pfalzmuseum für Naturkunde in Bad Dürkheim kann man eine Gesteinsprobe der Blitzröhren sehen und sich genauer über ihre Entstehung informieren (Öffnungszeiten: www.pfalzmuseum.de/).

10_Die Burg Battenberg

Festschmaus gegen Gnade

Welch Frevel! Da brennt in der Ferne die Stadt Heidelberg nieder, und hier sitzen drei beim Festmahl! Graf Friedrich Emich von Leiningen, Burgherr von Battenberg, gab ein fürstliches Essen für den französischen Marschall Tallard und General Mélac, und während Speis und Trank hoffentlich gut mundeten, wurde die Zerstörung Heidelbergs durch französische Truppen beobachtet. Man schrieb den 22. Mai 1693, und dem Leininger Grafen war bestimmt nicht wohl bei dem Anblick – schließlich bestand der Anlass seiner Einladung darin, die französischen Kriegsherren zu besänftigen und weiteren Schaden von der Pfalz, im Speziellen natürlich von seiner eigenen Burg, abzuwenden.

Die Soldaten Ludwigs XIV. kämpften im vierten Jahr um die pfälzische Erbfolge und verschärften die Gangart. Nachdem lange Zeit von größeren Zerstörungen abgesehen worden war, ging man nun dazu über, ganze Landstriche niederzubrennen. Die Einladung des Grafen von Leiningen war dann auch vergebene Müh – seine Burg, beim Brand von Heidelberg noch der richtige Ort für das voyeuristische Vergnügen, wurde kurze Zeit später genau wie viele andere dem Erdboden gleichgemacht.

Eine Sage aus ganz alter Zeit erzählt von einer Brücke aus Leder, die einmal die Burgen Battenberg und Neuleiningen verband. Die befreundeten Burgherren hatten sie spannen lassen, um schneller beieinander sein zu können. Eines Tages kappte der Burgherr zu Neuleiningen nach einem Streit die Haltetaue, während der Graf zu Battenberg gerade auf der Brücke stand. Der verfluchte noch im Fallen seinen Mörder. Dieser Fluch lässt den Täter bis heute des Nachts von Burg zu Burg spuken, sein Geist ist in kalten Luftzügen im Tal zwischen den Burgen zu spüren.

Was dem Militär von einst recht, ist dem Ausflügler von heute billig. In Friedenszeiten genießt man den Ausblick von der Burg, auf einem Bergsporn über der Rheinebene gelegen, umso entspannter.

Adresse rechts der Hauptstraße, 67271 Battenberg in der Pfalz | **Pkw** A 6, Ausfahrt Grünstadt, auf B 271, Richtung Bad Dürkheim, im Kreisverkehr 3. Ausfahrt, nach 2 Kilometern in Kirchheim rechts auf Kleinkarlbacher Straße/L 520, nach 2,5 Kilometern links auf L 517, Richtung Bobenheim am Berg, nach 550 Metern wieder rechts, auf K 30 nach Battenberg, auf Höhe des Weinguts Denig rechts | **Tipp** Die Gutschenke Burg Battenberg (Mitte Feb.–Mitte Dez. Mi–Fr ab 16 Uhr, Sa, So und Feiertage ab 12 Uhr) bietet regionale Spezialitäten in historischem Gewölbe und einen eigenen Kräutergarten.

11 Das Europadenkmal

Der Platz der ersten europäischen Vereinigung

Ein Europadenkmal steht doch in Brüssel oder Straßburg, aber niemals in der Pfalz!, werden Skeptiker zu Unrecht behaupten, denn am 9. September 2007 wurden auf der Europawiese am ehemaligen Grenzübergang Weiler/Wissembourg (F) und St. Germanshof/Bobenthal (D) zwölf kreisförmig angeordnete Sandsteinstelen sowie die Flaggen der EU, Deutschlands und Frankreichs eingeweiht. Wie konnt's passieren?

Es ist Sonntag, der 6. August 1950, als drei junge Frauen die Zollbeamten mit ihrem Charme ganz aus dem (Zoll-)Häuschen bringen. Als bei einer von ihnen der Kreislauf »versagt«, bemerken die Zöllner nicht, wie sich – aus Heidelberg und Straßburg über geheime Wege – mehrere hundert Studierende aus neun europäischen Ländern der streng kontrollierten Grenze nähern. Mit dabei haben sie Fahnen, Transparente – und Sägen! Wie irritiert mussten die Zöllner gewesen sein, als die Demonstranten die Schranken und Grenzpfähle zersägten, um sie in einem Feuer auf der Europawiese zu verbrennen. Und nicht nur das! Ein vereintes Europa wurde ausgerufen, dazu ein gesamteuropäisches Parlament mit Verfassung, freie Grenzen und europäische Pässe gefordert, damit »auf die vielen Worte endlich Taten folgen« (bereits 1946 hatte Winston Churchill in einer Rede die Schaffung der Vereinten Staaten von Europa erwogen). Am nächsten Tag, am 7. August 1950, sollte eine beratende Versammlung des Europarats in Straßburg beginnen.

Mit dieser ersten europäischen Vereinigung für Stunden, die friedlich und diszipliniert ablief, und dem Bekenntnis, sich in ihren Heimatländern für die Vereinigung Europas einzusetzen, haben die jungen Menschen nur fünf Jahre nach Kriegsende einen wichtigen Schritt in Richtung geeintes Europa getan. Und die Zöllner? Ihnen gilt Dank für ihr friedliches Verhalten. Denn was sie zu Beginn nicht wussten: Die Akteure sammelten am Ende Geld, um den Schaden zu begleichen.

Adresse St. Germanshof 10/L 478, 76891 Bobenthal-St. Germanshof | **Pkw** von Pirmasens aus auf B 10 fahren, Ausfahrt Hinterweidenthal, von hier Richtung Weißenburg/Wissembourg über B 427, ab Dahn-Reichenbach über L 489 und ab Bundenthal über L 478 fahren, kurz vor Wissembourg befindet sich das Denkmal rechter Hand | **Tipp** Auf deutscher Seite ist noch das ehemalige Zollhaus zu sehen, auf französischer findet sich das »Kräutercafé« samt Ferienwohnung (www.kraeutercafe.de).

12 Das Waffen-Depot

Aktion Lindwurm – Abrüstung hautnah

Aufruhr herrschte in den 1980ern im beschaulichen Pfälzer Wald. Tausende Menschen demonstrierten vor dem US-Munitionsdepot in Fischbach, nachdem bekannt geworden war, dass dort in großen Mengen Chemiewaffen lagern sollten. Friedensaktivisten wurden von Polizisten weggetragen. Nachdem sich die Bundesrepublik und die USA auf einen Abtransport des gefährlichen Lagerguts geeinigt hatten, kam zutage, dass das Giftgas nicht in Fischbach, sondern 30 Kilometer entfernt im Depot Clausen lagerte – Angst und Zorn hatten sich jahrelang gegen den falschen Ort gerichtet. Zum Glück wurde ganz Deutschland von Mauerfall- und Einheitseuphorie heimgesucht, und die USA als größter Unterstützer unter den Alliierten waren beliebt wie nie zuvor.

Ab Ende Juli 1990 rollte dann Konvoi um Konvoi über schmale Dorf- und Landstraßen und eine nicht fertig gebaute, geschotterte Autobahn. Insgesamt 102.000 Granaten sowie 400 Tonnen der chemischen Kampfstoffe VX und Sarin wurden ins Depot Miesau und weiter zum Nordseehafen Nordenham gebracht, von wo sie zur Vernichtung in den Pazifik verschifft wurden. Um Sorgen der Bevölkerung auszuräumen, bezog der rheinland-pfälzische Innenminister Rudi Geil für die gesamte Zeit des Abzugs Quartier in Clausen. Mängel an den Transportfahrzeugen wie defekte Bremsen heizten die Bedenken jedoch von Neuem an. Im September feierte die Pfalz ihre neu gewonnene Freiheit von Chemiewaffen – zum »Lindwurmfest« in Clausen kam auch Bundeskanzler Kohl.

Die Gebäude des ehemaligen Lagers sind als Mahnmal des Kalten Krieges gut erhalten. Auf der gerodeten Fläche mitten im Wald ist 2011 ein Solarpark in Betrieb gegangen, eine Herde Schafe stutzt regelmäßig die Vegetation. Das Gelände ist nicht zugänglich, kann aber von einer Anhöhe aus gut überblickt werden. Saubere Energiegewinnung am früheren Ort für Massenvernichtungswaffen – die Forderung »Schwerter zu Pflugscharen« modern umgesetzt.

Adresse Am Hesselsberg, 66978 Clausen | Pkw B 270, Kaiserslautern – Pirmasens, nach 23,8 Kilometern links nach Waldfischbach-Burgalben, auf Hauptstraße / L 499, nach 700 Metern rechts auf Alleestraße / L 498 nach Donsieders, nach 3,5 Kilometern links auf Clauser Straße / L 498, nach 3,6 Kilometern am Ortsausgang links auf An den Drei Eichen, nach wenigen 100 Metern Ende der Fahrstraße, circa 3 Kilometer in den Wald, auf den asphaltierten Wegen immer links halten (teilweise ausgeschildert) zum »Solarpark Clausen« | Tipp Wendet man sich vom Eingang zum Solarpark rückwärts in den Wald und geht nach etwa 250 Metern links, ist man auf dem besten Weg zum Clausensee (insgesamt 1 Kilometer Fußweg) mit Bademöglichkeit (über Donsieders und Waldfischbach-Burgalben auch mit dem Auto erreichbar).

13 Der Jungfernsprung

Ein Wunder für die bewahrte Unschuld

Rund um Dahn lugen Hunderte Buntsandsteinfelsen aus den bewaldeten Hügeln hervor, doch keiner erhebt sich so spektakulär über bewohntem Gebiet wie der Jungfernsprung. Auch wenn das von einem goldenen Gipfelkreuz gekrönte Felsenriff als Verlängerung eines Bergrückens insgesamt nur bescheidene 280 Meter misst, ragt es ein Viertel seiner Höhe – satte 70 Meter – senkrecht über Dahn empor.

Zu seinem Namen kam der Jungfernsprung durch eine versuchte Vergewaltigung. Eine Jungfrau, im Wald ins Beerenpflücken vertieft, wurde hierbei vom Raubritter Hans Trapp überrascht, der – Unhold, der er war – nichts Besseres im Sinn hatte, als dem armen Mädchen nach der Unschuld zu trachten. Durch den Willen getrieben, ihr erstes Mal nicht solch einem Schuft zu schenken, floh die Unglückliche und bemerkte zu spät, dass sie schnurstracks auf die Kante eines hohen Felsenriffs zusteuerte. In der Falle dachte sie sich: Lieber tot als geschändet – und sprang.

Ihr Mut wurde belohnt. Dank Zwiebellook kam sie unbeschadet unten an – die geschichteten Röcke schwächten die Wirkung der Schwerkraft ab und ließen sie sanft zu Boden schweben. Ob der Ritter vom Dorf bezahlt wurde, damit alle Jungs dem Mädchen beim Herabgleiten unter die Röcke schauen konnten, ist ebenso wenig überliefert wie das weitere Schicksal der Protagonisten. An der Stelle, an der die Tapfere mit dem Fuß aufkam, sprudelt seit jenen Tagen eine Quelle.

Der Felsen kann durch technisch anspruchsvolle Kletterei bezwungen oder bequem von der ortsabgewandten Seite erwandert werden. Der Weg nach oben ist Teil des Felsenland-Sagenwegs. Wenige Meter von einer viel befahrenen Straße entfernt, ist man in kiefernnadelngetränkter Luft der Zivilisation entschwunden, kraxelt oben über Leitern und in den Stein gehauene Stufen und wird auf dem Gipfel mit einem grandiosen Blick belohnt.

Adresse Im Gerstel 1, 66994 Dahn | Pkw B 10, Landau – Pirmasens, Ausfahrt Hinterweidenthal, B 427 circa 6,6 Kilometer bis Dahn, kurz hinter dem Ortseingang links | Tipp Praktisch senkrecht unterhalb des Jungfernsprungs an der Pirmasenser Straße 39/B 427 liegt das Café Eisheisel, das bekannt für gutes Eis und leckeren Kuchen ist.

14 Der Brauchtumsbrunnen

Brauchtum tut Pflege brauchen …

… denn wer seine Wurzeln kennt, hat Heimat und Identität. Was liegt da näher, als sich der Bräuche zu erinnern, die teils schon seit Jahrhunderten in einer Stadt gepflegt werden?

Das dachten sich auch die Deidesheimer, als 1994 der Königsgarten umgestaltet wurde. Ein Brunnen sollte an die Geschichte und Bräuche der Stadt erinnern – doch es fehlte das Geld. Wie gut also, dass sich einst Frank J. Lyden seiner Wurzeln erinnerte. Geboren 1899 als Franz Josef Leidenheimer in Deidesheim, wanderte er 1924 in die Vereinigten Staaten aus und wurde mit Öldruckpressen reich. Als er 1983 verstarb, sollte ein Teil seines Vermögens der Förderung junger Wissenschaftler sowie der Literatur und Kunst dienen. Unter anderem mit Hilfe der Frank-J.-Lyden-Stiftung wurde der Geschichts- und Brauchtumsbrunnen 2003 realisiert.

Der Bildhauer Karl Seiter zitiert in seinen Plastiken Stationen der Stadtentwicklung. Weil sich hierbei alles um den Weinbau drehte, ist es ein Rebstock, der in der Mitte des Brunnens steht und um den alle anderen Elemente angeordnet sind. Darunter die Krone König Wenzels, der Deidesheim 1395 die Stadtrechte verlieh, der Helm des Ritters von Böhl, der 1494 die Bürgerhospital-Stiftung begründete, der Geißbock (siehe Seite 42) und der Hirtenstab als Erinnerung an die rund 700-jährige Zugehörigkeit zum Fürstbistum Speyer.

Brauchtum muss jedoch nicht viele Jahrhunderte alt sein: Der Dreispitz verweist auf die Trachten- und Volkstanzgruppe, die seit über 80 Jahren Brauchtum pflegt, der Zylinder auf die »Deidesheimer Kerwebuwe«, deren launige Rede erstmals 1972 die Deidesheimer Weinkerwe eröffnete, und das Tintenfass auf die Turmschreiberei – gegründet 1978 von der Stiftung zur Förderung der Literatur und eine Tradition sicherlich im Sinne von Frank J. Lyden. Der Koffer und das Paar Schuhe erinnern übrigens an ihn und alle anderen Deidesheimer Auswanderer.

Adresse Königsgarten, Ecke Weinstraße, 67146 Deidesheim | **ÖPNV** DB, Haltestelle Deidesheim Bahnhof, circa 10 Minuten Fußweg | **Pkw** A 65, Ausfahrt Deidesheim, 4,9 Kilometer auf B 271 Richtung Bad Dürkheim, links auf L 527, im Kreisverkehr 1. Ausfahrt rechts (L 527), dann links auf Weinstraße/L 516 bis Ecke Königsgarten rechter Hand | **Tipp** Deidesheim ist eine Cittaslow-Stadt: Neben rund 80 weiteren Kriterien, die Deidesheim erfüllen muss, sind alle wichtigen Bereiche der Stadt barrierefrei, darunter der Bahnhof, die Tourist-Information und Gästeunterkünfte. Verschiedene Wirtschaftswege in den Weinbergen sind befestigt, und auch der Erlebnisgarten im Herzen der Stadt ist zumeist barrierefrei.

15 Der Deidesheimer Hof

Saumagen und Weltpolitik

Nicht nur die Liebe geht durch den Magen, zuweilen trifft dies auch auf die hohe Politik zu. Wenn man sich das Gästebuch des Deidesheimer Hofs ansieht, meint man, in diesem Restaurant wurden die Weichen für die deutsche Einheit und die Gestaltung Europas nach dem Fall des Eisernen Vorhangs gestellt. Schließlich empfing Helmut Kohl hier die Staatschefs, die über das Schicksal Deutschlands mitzureden hatten. Kohls besondere Strategie dabei: die »Saumagen-Diplomatie«.

Schon vom Namen her nicht gerade prädestiniert für die Haute Cuisine, hatte es das Pfälzer Nationalgericht stets schwer, überregional als Spezialität anerkannt zu werden. Und so empfanden viele Deutsche, die ihn nie kosteten, Mitleid mit Gorbatschow, Chirac und Thatcher, wenn diese zum Saumagen-Essen in die Pfalz geladen waren. Aus Kreisen, die Kohl ohnehin als kulturlosen Provinzler abkanzelten, kam Kopfschütteln ob des vermeintlich unwürdigen Rahmens für Besucher höchsten Ranges.

Den Staatsgästen indes scheint die Spezialität gemundet zu haben. Erster prominenter Staatsgast im Deidesheimer Hof war Margaret Thatcher. Als ihr das Menü zugetragen wurde, kam es um ein Haar zu einem peinlichen Zwischenfall. Eine Kellnerin stieß mit einem Tablett voller Knödel gegen eine Schwingtür, sodass ein Knödel auf dem Schuh des mit Sternen ausgezeichneten Küchenchefs Manfred Schwarz landete – just während dieser den Saumagen servierte. Der Knödel blieb an seinem Platz scheinbar unbemerkt von der Eisernen Lady, die sich später schriftlich in Deidesheim für die Köstlichkeit bedankte. Eine andere Anekdote entstammt wohl eher der regionalen Witzeküche, die sich gern gegen die Nachbarregion im Westen richtet: Der französische Präsident Mitterrand soll bei einem Besuch recht lustlos im Saumagen gestochert haben. Kohl, um seinen Appetit anzuregen, flüsterte ihm zu: »Wenn du nicht aufisst, bekommt ihr das Saarland zurück.«

Adresse Marktplatz 1, 67146 Deidesheim | Pkw A 65, Ausfahrt Deidesheim, 4,9 Kilometer auf B 271 Richtung Bad Dürkheim, links auf L 527, im Kreisverkehr 1. Ausfahrt rechts (L 527), dann links auf Weinstraße / L 516, nach circa 1 Kilometer links | Öffnungszeiten für die Restaurants »Schwarzer Hahn« und »St. Urban« Onlinereservierung unter www.deidesheimerhof.de oder unter Tel. 06326 / 96870 nötig | Tipp Im schönen Alten Rathaus gleich gegenüber dem Deidesheimer Hof ist das Museum für Weinkultur untergebracht (Öffnungszeiten unter Tel. 06326 / 981561).

16 Der Filmautomat

Onlinekaufhaus 0.1

Einkaufen rund um die Uhr – klingt nach Onlineshopping, ist aber gar nicht so neu, sondern stammt in seiner Frühform aus der Mitte des 19. Jahrhunderts. Im Zuge der Industrialisierung hatte es neue mechanische Entwicklungen gegeben, die in England den Einsatz von »selbstthätigen Verkaufsgeräten« ermöglichten. In Deutschland dauerte es rund 20 Jahre länger, bis der einheitliche Groschen endlich fallen konnte, denn zuerst musste das Land im Kaiserreich vereint werden (wir erinnern uns, das geschah nach dem Deutsch-Französischen Krieg von 1870/71), und ein gewisser Bismarck musste für Ordnung sorgen. Unter anderem führte er in Deutschland ein einheitliches Münzsystem ein, womit wir am Ende des Geschichtsexkurses und zurück beim automatischen Einkaufen wären.

Automaten waren es nämlich, an denen die Herrschaften nach Münzeinwurf die gewünschte Ware ziehen konnten. Wie bei vielen technischen Neuerungen fühlte sich auch dieses Mal die jüngere Generation angesprochen. Der Grund mag sein, dass es der Kölner Schokoladenfabrikant Ludwig Stollwerck war, der als einer der Ersten seine Schokolade über Warenautomaten vertrieb. Bald bestückten auch andere Hersteller Automaten mit ihren Produkten, und viele Einzelhändler montierten die »stummen Verkäufer« an ihrer Hausfassade und konnten so auch nach Ladenschluss noch Geschäfte machen. Die Füllware ließ keine Wünsche offen: Strümpfe, Zigaretten, Kugelschreiber, Kaugummi, Briefmarken, Blumen, Parfüm, Toiletten- und Briefpapier, Getränke und nicht zuletzt auch Filme.

Ein solcher Filmautomat hängt in Deidesheim an der Außenwand des 3F-Museums. Er wurde von der Firma Seitz in den 1960ern produziert und ähnelt stark einem Zigarettenautomaten: Geld rein, Lade aufziehen, Film entnehmen. Und auch wenn er außer Betrieb ist, die Firma Seitz ist noch immer im Automatengeschäft tätig. Heiße Getränke bekommt man eben nicht im Internet.

Adresse Weinstraße 33 (Passage neben dem Gasthof »Zur Kanne«), 67146 Deidesheim | **ÖPNV** DB, Haltestelle Deidesheim Bahnhof, 7 Minuten Fußweg | **Pkw** A 65, Ausfahrt Deidesheim, 4,9 Kilometer auf B 271 Richtung Bad Dürkheim, links auf L 527, im Kreisverkehr 1. Ausfahrt rechts (L 527), dann links auf Weinstraße/L 516 | **Öffnungszeiten** Filmautomat von außen zugänglich | **Tipp** Nicht verpassen sollten Sie das Deutsche Museum für Foto-, Film- und Fernsehtechnik. Auf über 400 Quadratmetern sind mehr als 5.500 Exponate ausgestellt, die die rasante Entwicklung der audiovisuellen Kommunikationstechnik widerspiegeln (https://3f-museum.de).

17_Der Geißbock

Ein kleiner Feldherr, zwei Streithähne und ein Bock

Es war 1404, als die Tuchmacherstadt Lambrecht von Deidesheim das Weiderecht für Rinder in einem Deidesheimer Waldstück erhielt – natürlich nicht ohne Gegenleistung. Fortan hatte Lambrecht alljährlich am Pfingstdienstag bei Sonnenaufgang einen Ziegenbock zu liefern, der »bene cornutus et bene capabilis«, wohlgehörnt und wohlgebeutelt, zu sein hatte. Schließlich sollte er zu Zuchtzwecken versteigert werden. Nun ist die Qualität von Hörnern und Beuteln durchaus Auslegungssache, und so kam es immer wieder zum Streit zwischen den Städten.

Kein Geringerer als der kleine große Feldherr Napoleon Bonaparte wurde 1808 um Hilfe gebeten (die linksrheinische Pfalz war gerade französisch). Per Dekret legte er fest, dass Lambrecht weiterhin das Weiderecht gegen Entrichtung eines Zuchtbocks innehatte. Zunächst lief alles glatt, dann entbrannte 1851 neuer Streit: Verspätete Lieferung und mindere Qualität des Bocks waren die Gründe. Als auch im Folgejahr der Zuchtbock nicht akzeptiert wurde, stellte Lambrecht seine Abgaben ein, Deidesheim zog vor Gericht, und Lambrecht musste nachliefern. Weil die inzwischen in der Pfalz gehaltene Deutsche Edelziege hörnerlos war, musste die Stadt einst sogar einen Bock aus Thüringen kaufen.

Bis heute wird der Geißbock an Pfingsten pünktlich vor Sonnenaufgang geliefert – seit 1934 vom jüngst verheirateten Lambrechter Brautpaar mit rund 200 Gefolgsleuten –, um dann nach diversen über den Tag verteilten Ritualen, bei denen auch das (Wein-)Trinken nicht zu kurz kommt, von 17.45 bis 18 Uhr auf der Doppelfreitreppe des Rathauses für bis zu 6.000 Euro versteigert zu werden.

Eine Hommage an diese Auktion hat 1985 Gernot Rumpf geschaffen. In seiner Brunnenplastik hat er Geißbock, das (begehbare) Brautpaar und sogar die Elwedritsche (siehe Seite 204) dargestellt, die allesamt die Besucher Deidesheims beim Tourist Service begrüßen.

Adresse Brunnen vor Tourist Service, Bahnhofstraße 5, 67146 Deidesheim | **ÖPNV** DB, Haltestelle Deidesheim Bahnhof | **Pkw** A 65, Ausfahrt Deidesheim, 4,5 Kilometer auf B 271 Richtung Bad Dürkheim, links auf K 11, im Kreisverkehr 2. Ausfahrt (K 11) nehmen, den 2. Kreisverkehr passieren, rechts auf Bahnhofstraße | **Tipp** Auch in Lambrecht (siehe Seite 116) gibt es einen Geißbock-Brunnen. Er wurde von Theo und Klaus Rörig geschaffen und am 5. August 2000 auf dem Herzog-Otto-Platz eingeweiht.

18 Der Kilometerstein

Nummer 5 gibt nicht auf!

Navigationsgeräte – was oder vielmehr wo wären wir ohne diese Wunder der Technik?! Sie zeigen uns, wo es langgeht, welche Alternativstrecke sich anbietet, wenn es sich irgendwo staut, und wie lang wir noch bis zum anvisierten Ziel brauchen werden. Ein Hoch auf moderne Errungenschaften!

Allein – so modern ist das gar nicht, denn auch in Zeiten, als die Pfalz noch königlich-bayerisch war, musste der Wandersmann nicht hilflos umherirren. Orientierungshilfe leisteten die ab 1833 vom Königreich Bayern aufgestellten Stundensäulen. Auf ihnen wurden die Entfernungen zum nächsten Ort nicht in Kilometern, sondern – wie praktisch – in Stunden Wegzeit angegeben, und zwar per pedes im Schritttempo (auf Poststrecken wurde zwischen Post- und Reisestunden unterschieden). Jeweils im Abstand von einer Fußstunde waren die Wege also mit den Steinsäulen aus pfälzischem Buntsandstein markiert; erst ab 1872 wurden die Kilometerangaben ergänzt. Aus dieser Zeit, inzwischen gehörte die Pfalz zum Kaiserreich, stammt auch der denkmalgeschützte Kilometerstein Nummer 5 an der Landstraße 453, der die Entfernungen angibt: 1,3 nach Dirmstein, fünf nach Grünstadt (schlaue Köpfe ahnen nun, woher er seinen Namen hat). Mit ihren 1,3 Metern Höhe und einem Durchmesser von 45 Zentimetern ist die zylindrische Steinsäule mit kegelförmigem Dach vor allem in hochmotorisierten Zeiten schnell passiert, doch manch ein Wanderer war sicherlich dankbar für den Hinweis.

Lieber einmal mehr links liegen gelassen worden wäre der Kilometerstein wahrscheinlich gern am 8. Juli 2010. Ein landwirtschaftliches Fahrzeug hat sich zum Rangieren ausgerechnet diesen Straßenabschnitt ausgesucht, den Stein gerammt und in zwei Teile zerbrochen. Doch nach erfolgreicher Instandsetzung steht Nummer 5 seit März 2011 wieder an gewohnter Stelle – und wer ihn im Schritttempo passiert, erkennt vielleicht die waagerechte Bruchstelle unterhalb der Mitte.

Adresse Obersülzer Straße/L 453, 67246 Dirmstein | Pkw A 6, Ausfahrt Grünstadt, auf B 271 Richtung Monsheim fahren, links Richtung Obersülzer Straße/L 453, links auf Obersülzer Straße/L 453, links auf Dirmsteiner Straße/L 453, circa 1,5 Kilometer folgen, der Stein steht etwa 700 Meter westlich der Wohnbebauung von Dirmstein | Tipp Halten Sie auf Ihrer Fahrt durch die Pfalz Ausschau nach weiteren Kilometersteinen. Einer steht beispielsweise zwischen Alt- und Neuleiningen gegenüber der Talstraße 39/L 520. Zuvor sollten Sie allerdings den historischen Kern des Dirmsteiner Oberdorfes besichtigen.

19_Das Friedensdenkmal

Schwerter zu Palmzweigen

Während Errichtung und Ausführung eines Denkmals heutzutage oft hitzige Kontroversen mit sich bringen, herrschte früher insbesondere bei der Ausführung große Einigkeit: Groß sollten sie sein, die Monumente des 19. Jahrhunderts. Riesige Landmarken sind noch heute das Kyffhäuserdenkmal, das Kaiser-Wilhelm-Denkmal an der Porta Westfalica (beide 1896) und das Völkerschlachtdenkmal in Leipzig (1913).

Zu dieser Riege fraglich-imposanter Monumente zählt auch das Friedensdenkmal auf dem Werderberg in Edenkoben, vor dem der geneigte Besucher des 21. Jahrhunderts durchaus mit offenem Mund stehen mag. Riesig ist das 1899 eingeweihte Bauwerk, denn riesig war die Freude über den Sieg im Deutsch-Französischen Krieg von 1870/71 – darin war man sich einig. Einig waren erstmals auch die deutschen Stämme, die gemeinsam unter Generalfeldmarschall Helmuth Graf von Moltke gegen den damaligen Erbfeind Frankreich in die Schlacht zogen – und quasi als geeintes Deutsches Reich unter Kaiser Wilhelm I. mit Reichskanzler Bismarck wieder herauskamen. Und das war eine riesige Sensation, denn was schon während des Hambacher Fests 1832 (siehe Seite 162) gefordert wurde, war rund vier Jahrzehnte später endlich Wirklichkeit geworden: ein deutscher Nationalstaat.

Aus Freude, Stolz und Dank errichtete man also ein Sieges- und Friedensdenkmal auf dem Werderberg, denn von hier aus waren die Signale aus Straßburg über den Sieg der deutschen Stämme gesehen worden. Doch weil das Verhältnis der Deutschen zu ihrem Nationalstolz nach dem Zweiten Weltkrieg schwierig wurde, ersetzte man 1969 im Zuge der 1.200-Jahr-Feier von Edenkoben das Schwert in der Hand der Reiterfigur durch einen Palmzweig und nannte es in »Friedensdenkmal« um. Ungezwungen geht dagegen die jüngere Generation mit dem Monument um: Seit 2008 findet hier im August das größte Rockkonzert der Pfalz, das »Rock am Friedensdenkmal«, statt.

Adresse auf dem Werderberg/K 30 bei 67480 Edenkoben | **Pkw** A 65, Ausfahrt Edenkoben, Richtung Maikammer, rechts auf K 6, im 1. Kreisverkehr 2. Ausfahrt, im 2. Kreisverkehr 3. Ausfahrt nehmen (L 516), dann rechts auf Luitpoldstraße/K 6, geradeaus, Ecke Woogweg rechts auf K 30 abbiegen, links halten und Schildern folgen bis Parkplatz, dann 3 Minuten Fußweg | **Öffnungszeiten** offen zugänglich, Führungen auf Anfrage beim i-Punkt Edenkoben, Tel. 06323/9897858 | **Tipp** Am Fuß des Denkmals lädt die Waldgaststätte »Friedensdenkmal« zur Einkehr ein (https://waldgaststaette-friedensdenkmal.de).

20 Das Künstlerhaus

Im Weinberg der Musen

Oberhalb von Edenkoben, einer der größten Weinbaugemeinden Deutschlands, wandelt man durch rebenbewachsene Hügel mit Blick in die weite Rheinebene zur einen Seite und auf die bewaldeten Hänge der Haardt zur anderen. In Kombination mit köstlichem Rebensaft ist dies ein Inspirationsquell für den schönen Geist – und um ebendessen Pflege geht es im Künstlerhaus. Stipendiaten aus Malerei, bildender Kunst und Literatur, aber auch Übersetzer können sich in den Zimmern und Ateliers des Hauses zurückziehen und sich in Ruhe ihrer Arbeit widmen.

Wer möchte hier nicht durch den weitläufigen Garten samt Streuobstwiese schlendern und anschließend im Kaminzimmer über das Verhältnis von Geist und Landschaft sinnieren. Ob es die schöne Lage ist, die hier die Kreativität beflügelt, oder das Beisammensein mit anderen Künstlern an einem geschützten Ort – Kulturschaffende, die hier zu Gast waren, berichten jedenfalls von einem fruchtbaren Aufenthalt.

Bei Lesungen und Ausstellungen – gern in Kombination mit Weingenuss – werden die Werke der ansässigen Stipendiaten wie auch die gastierender Künstler und Autoren der Öffentlichkeit vorgestellt. Einige berühmte Namen finden sich unter den ehemaligen Bewohnern, unter ihnen Oskar Pastior und Wolfgang Hilbig. Neben der Idee, Künstlern einen Raum zu bieten und ihnen den Austausch untereinander zu ermöglichen, soll die Beschäftigung mit bedrohten Kulturräumen gefördert werden. Dem kulturellen Austausch gewidmet ist die »Poesie der Nachbarn«. Eine Woche lang übersetzen sich Lyriker aus Deutschland und einem wechselnden Gastland gegenseitig ihre Werke. Die Lyrik der fremdsprachigen Autoren wird im Original und in deutscher Nachdichtung bei einer zweisprachigen Matinee vorgestellt. Vergeben werden die Stipendien von der Stiftung Rheinland-Pfalz für Kultur. Die meisten Auserwählten entstammen der schreibenden Zunft und bleiben fünf Monate.

Adresse Klosterstraße 181, 67480 Edenkoben, www.kuenstlerhaus-edenkoben.de | Pkw A 65, Ausfahrt Edenkoben, nach 300 Metern rechts, K 6 Richtung Maikammer, nach circa 1 Kilometer im 2. Kreisverkehr 3. Ausfahrt, nach 550 Metern rechts in die Luitpoldstraße, die zur Klosterstraße wird, nach 2,5 Kilometern auf der linken Seite | Öffnungszeiten Veranstaltungsinfos auf der Webseite (Voranmeldung notwendig) | Tipp Rund um das Künstlerhaus durch die Weinberge führt der »Weg der Gedichte«, bestückt von Autoren, die beim internationalen Austausch »Poesie der Nachbarn« gastierten.

21 Die Villa Ludwigshöhe

Royale Ferienunterkunft

Wenn ein Bayer in der Pfalz von der Toskana träumt, kann es nur einen Ort für einen Sommersitz geben: Edenkoben – zumindest, wenn ebenjener Bayer königlichen Bluts ist und über das nötige Kleingeld verfügt. Beides konnte König Ludwig I. vorweisen, und 1846 wurde der Grundstein gelegt für die »Villa italienischer Art, nur für die schöne Jahreszeit bestimmt und in des Königreichs mildestem Teil«. Architekt Friedrich Wilhelm von Gärtner hatte wunschgemäß eine antikisierende klassizistische Villa inmitten der Weinberge geplant: einen vierflügligen Hauptbau mit einer auf Säulen ruhenden doppelstöckigen Loggia und atemberaubendem Blick.

Im Juli 1852 war es so weit: Ludwig reiste samt Gemahlin Therese zum Sommerurlaub an. Allein er war kein König mehr, denn er liebte nicht nur die italienische Architektur, sondern auch das Dolce Vita. So hat ihn seine Liebelei mit der Tänzerin Lola Montez 1848 den Thron gekostet. Während Sohn Maximilian II. das Regieren übernahm, finanzierte Ludwig seine Höhe nun privat. Bis 1868 verweilte er alle zwei Jahre acht bis zwölf Wochen hier – und kam stets mit eigenem Mobiliar. Ansonsten stand die Villa leer, genauso wie der heutige Besucher die historischen Räume vorfindet. Allerdings kann er so die Wandmalereien im pompejanischen Stil von 1899 besser bewundern.

Bis 1914 blieb die Villa Familienbesitz, dann diente sie als Lazarett, als französische Militärstation, als Lagerraum, als alliierte Militärstation und als Kinderheim. 1947 übernahmen wieder die Wittelsbacher, bis 1975 das Land Rheinland-Pfalz sie für Kulturveranstaltungen herrichtete und mit der Max-Slevogt-Galerie und einer Keramiksammlung zwei Museen einzogen. Als Sommerresidenz hatte die Villa nach Ludwigs I. Tod nicht mehr gedient: Sohn Maximilian verstarb bereits 1864, und Enkel Ludwig II. hatte einen eigenen Geschmack: Er baute ein Schloss namens Neuschwanstein ...

Adresse Villastraße 64, 67480 Edenkoben | Pkw A 65, Ausfahrt Edenkoben, Richtung Maikammer, rechts auf K 6, im 1. Kreisverkehr 2. Ausfahrt, im 2. Kreisverkehr 3. Ausfahrt nehmen (L 516), dann rechts auf Luitpoldstraße / K 6, geradeaus, links Richtung Villastraße / K 64, Straße folgen, rechts auf Villastraße / K 64, Schildern folgen | Öffnungszeiten wegen Sanierung bis Sommer 2022 geschlossen; weitere Infos unter www.schloss-villa-ludwigshoehe.de | Tipp Beim Schloss liegt die Talstation der Rietburg-Sesselbahn, mit der man 550 Meter hoch zur Burgruine Rietburg samt Ausflugslokal gelangt.

22 Die alte Samenklenge

Vor lauter Sägewerken den Wald nicht sehen

Schon 100 Jahre ist sie alt, die alte Samenklenge: 1913 wurde sie eingerichtet und bis 2007 als eine von deutschlandweit acht staatlichen Forstsamendarren genutzt. Klenge? Darre? Und dann auch noch staatlich? Das klingt wichtig, aber eine genaue Vorstellung hat zumindest der gemeine Stadtmensch nicht. In Elmstein erklärt man es so: »Die staatlichen Darren ernten, trocknen, reinigen und lagern herkunftsgesichertes und qualitativ hochwertiges Saatgut für die Vermehrung von Bäumen und Sträuchern.« Aha. Und warum? »Die Samen werden für die Aufforstung in den staatlichen Forsten verwendet […].«

Alles klar, das ergibt Sinn, denn Elmstein liegt im Pfälzer Wald, dem größten zusammenhängenden deutschen Waldgebiet. Dieser und damit die Forstwirtschaft bildeten eine wichtige Wirtschaftsgrundlage; im gesamten Elmsteiner Tal erklangen die Sägen, und viele der heutigen Ortsteile von Elmstein sind als Ausbausiedlungen für Waldarbeiter entstanden. Doch Sägen war eine ganz schöne Plackerei mit wenig Profit für den einfachen Mann, denn: »Der einzige Reichtum dieser Berggegend – das Holz – gehört dem Staate oder den reichen Bauern der Haardt und wirft für die Bewohner dieser Täler nur kargen Verdienst ab«, notierte der Pfälzer Heimatschriftsteller August Becker Mitte des 19. Jahrhunderts.

Ein Jahrhundert später waren es nur noch rund 100 Arbeiter in der Forstwirtschaft. Inzwischen stehen die Sägen still im Elmsteiner Tal; der Speyerbach, auf dem früher das Holz getriftet wurde, durchfließt nun gemächlich das Idyll. Das ist schön für Erholungssuchende, die durch diese Gegend wandern können. Begleitende Informationen zur Samengewinnung sowie Einblicke in Leben und Arbeit im Elmsteiner Tal gibt das Haus der Forst- und Waldgeschichte, das Museum in der alten Samenklenge. Im museumseigenen Pflanzgarten werden übrigens heute noch Forstpflanzen und seltene Obstbaumsorten gezüchtet.

Adresse Hauptstraße 52, 67471 Elmstein | ÖPNV von Hauptbahnhof Neustadt a. d. W. Bus 517, Haltestelle Elmstein Schule | Pkw A 65, Ausfahrt Neustadt-Nord, Richtung Kaiserslautern/B 39, hinter Lambrecht links Richtung Elmstein auf Talstraße/L 499, Straße folgen bis zur Hauptstraße/L 499 | Öffnungszeiten Mitte April–Mitte Okt., weitere Infos unter samenklenge.de/termine.shtml | Tipp Elmstein hat nicht nur eine sehenswerte Burgruine auf dem Bergsporn, sondern auch erlebnisreiche Wanderwege im Tal (pwv-elmstein.de.tl/Wanderwege.htm).

23 Der pflügende Elefant Sam

Den Dickhäuter zum Gärtner gemacht

Ein Garten ist kein Porzellanladen, und doch kann ein ausgewachsener Dickhäuter zwischen Erdbeeren, Kräutergewächsen und Mauern gehörigen Schaden anrichten. Es war eine Zeit der Not – der Erste Weltkrieg ging in sein viertes Jahr, Männer und Pferde wurden für kriegerische Zwecke eingesetzt. So waren auch die Männer der Familie Moulier – einer Alsenborner Artistenfamilie – zum Militärdienst eingezogen worden, und nur die junge Tochter Carola blieb samt zwei beschäftigungslosen Zirkuselefanten zurück. Die Familie besaß einen großen Garten, und die Natur nimmt nun einmal keine Rücksicht auf Kriegsumstände. Die bedauernswerte Carola fragte den Schreinermeister Schmitt um Rat, der bauernklug die Idee ersann, den zahmen Elefanten Sam vor den Pflug zu spannen. Das Tier verrichtete die Arbeit schnell, entwickelte danach jedoch großen Unmut und begann zu randalieren – ein Torpfosten aus Sandstein ging zu Bruch. Des Schadens ungeachtet, spannte der Schreinermeister den armen Sam für Arbeiten auf der eigenen Flur vor den Pflug. Der Elefant nahm sich nach getaner Arbeit seinen Lohn höchstselbst und bediente sich auf benachbarten Feldern.

Das Denkmal vom pflügenden Elefanten, das inmitten eines Verkehrskreisels auf der Grenze zwischen den Ortsteilen Enkenbach und Alsenborn steht, erinnert auch an die Tradition Alsenborns als Zirkusdorf. Mitte des 19. Jahrhunderts gründete sich die erste Zirkusdynastie derer von Schramm, die jährlich zum Winter ihr Quartier im Ort bezogen. Da die Gemeinde von Artisten keine Umlagen verlangte, zogen später viele weitere Künstlerfamilien aus anderen Regionen zu.

Die Geschichte der zwei Alsenborner Zirkuselefanten indes nahm kein gutes Ende. Auch wenn die Kinder des Dorfes immer wieder etwas zu fressen vorbeibrachten, sie konnten den gewaltigen Appetit der Tiere nicht stillen. In einer Zeit voller Entbehrungen mussten die Dickhäuter verhungern.

Adresse Rosenhofstraße 3, 67677 Enkenbach-Alsenborn | Pkw A 6, Mannheim–Kaiserslautern, Ausfahrt Enkenbach-Alsenborn, links auf B 48, 1,7 Kilometer nach Enkenbach-Alsenborn, im Zentrum rechts auf Hauptstraße/L 395, die zur Rosenhofstraße wird | Tipp Wer mehr über die Artistenfamilien in Alsenborn erfahren möchte, sollte das »Bajasseum« genannte Zirkusmuseum in der Rosenhofstraße 87 in Alsenborn besuchen. Dort befindet sich auch »der kleinste Zirkus der Welt« (Mo–So 9–18 Uhr).

24 Die Lourdes-Grotte

Antithese zum Hasssymbol

»Wir konnten ja nichts machen.« – Mit diesen Worten wurde oft versucht, die Mitläufermentalität in nationalsozialistischer Zeit zu rechtfertigen. Dass es auch anders ging, bewies neben vielen anderen ein mutiger Pfarrer in Eppenbrunn.

Kurz nach der Machtergreifung stellten Anhänger der Nationalsozialisten auf einer Anhöhe südwestlich des Ortes ein riesiges hölzernes Hakenkreuz auf – noch heute bezeichnen die älteren Bewohner den Platz als Hakenkreuzfelsen. Der katholische Dorfpfarrer Johannes Drauden, krank an sein Bett gefesselt, hatte das Nazisymbol von seinem Krankenzimmer aus stets vor Augen. Als Gegner der Nationalsozialisten war ihm der Anblick verständlicherweise ein Graus. So beschloss er, seinerseits ein Zeichen zu setzen, um zu zeigen, dass nicht alle Eppenbrunner im Hakenkreuz ihre politische Überzeugung widergespiegelt sahen. Er ließ ein christliches Kreuz auf einem Felsen in entgegengesetzter Richtung aufstellen, ebenfalls an einer Stelle, die er von seinem Pfarrhaus aus sehen konnte.

Als man den Platz für das Kreuz präparierte, fiel eine Aushöhlung im Fels auf, die prädestiniert für die Anlage einer Grotte schien. Nach dem Vorbild der Grotte in Lourdes wurde 1934/35 eine Mariengrotte errichtet – kein geringes Risiko angesichts des subversiven Akts und der religionsfeindlichen Politik der Nazis. Dennoch halfen viele Freiwillige aus dem Ort beim Bau.

In der Grotte selbst, deren Decke mit Kieseln ausgekleidet ist, tötet der Erzengel Michael den Teufel in Gestalt eines Drachen, Maria thront über dem Eingang, vom Fels beschirmt. Am Fuß der natürlichen Sandsteinwand breitet sich eine Art Naturbühne aus. Für viele Gläubige aus der Region ist der Wallfahrtsort ein wichtiger Anziehungspunkt. An einem Sonntag Ende Mai halten Frauen der Katholischen Frauengemeinschaft Deutschlands an der Grotte eine Maiandacht mit Marienliedern. Manch Gläubiger schwört gar auf die heilende Wirkung des Wassers, das weiter oben aus dem Berg sprudelt.

Adresse neben Bergstraße 5 (Stichstraße zur Grotte), 66957 Eppenbrunn | Pkw B 10, Landau – Pirmasens, Ausfahrt Lemberg / Salzwoog, auf L 487, nach 4 Kilometern geradeaus weiter auf L 486, nach 1,5 Kilometern links auf L 485 nach Eppenbrunn, nach 11 Kilometern rechts auf K 5, nach 2,4 Kilometern geradeaus auf Hauptstraße / L 478, nach 100 Metern rechts auf Bergstraße, bei Haus Nummer 5 links parken, 5 Minuten Fußweg | Tipp Südlich von Eppenbrunn erheben sich die Altschlossfelsen, das längste Buntsandsteinriff im Pfälzer Wald. 1.500 Meter lang ziehen sich die abends rot leuchtenden Felsen auf dem Höhenzug des Brecherbergs.

25 Die Eschbacher Esel

Die Untertanen derer »mit dem Esel«

Die Eschbacher Esel heißen Hugo, Joe, Clausi oder Laurentia, sind bunt und überall in der Ortsgemeinde zu sehen. Gemeint sind nicht die 640 Bewohner Eschbachs, obwohl diese im Pfälzer Volksmund auch den Spitznamen »Esel« tragen. Das ist für sie jedoch alles andere als ein Schimpfwort, sondern drückt ihre Verbundenheit zum Hochadel aus – und das im wörtlichen Sinne:

Hoch über Eschbach thront die Madenburg, und deren einstige Besitzer gehörten im 15. Jahrhundert der Ritter- und Turniergesellschaft derer »mit dem Esel« an. Ihre ritterlichen und hochadligen Mitglieder hatten sich den christlichen Tugenden, den ritterlich-höfischen Sitten und den frommen Lebensformen verschrieben. Der Esel, so ist es im sogenannten Ingeram-Codex zu lesen, diente ihnen als eine Art Mitgliedsausweis und war an ihrer Kleidung und als Kettenanhänger zu finden. Die Eschbacher wurden also von den frommen und christlichen »Eselsrittern« beherrscht und deshalb von ihren Nachbarn folgerichtig »Esel« genannt. (Der Vollständigkeit halber: Nach einer anderen, aber weniger legendären Theorie rührt ihr Spitzname von den Eseln her, die Steine aus den umliegenden Steinbrüchen transportierten.)

In Eschbach ist man jedenfalls stolz auf seine tierische Vergangenheit, so stolz, dass man zur 750-Jahr-Feier 2004 Fiberglas-Esel im ganzen Ort aufstellte, für die Eselsdame Elsa Modell gestanden hatte. Individuell gestaltet wurden sie von Künstlern, aber auch von den Kindergärten, Schulen und dem Jugendwerk Eschbachs. Die Idee dazu hatte die selbst ernannte »Esel-Mutter« Christa Steinmüller gehabt, die Frau des damaligen Ortsbürgermeisters Hugo Steinmüller, der im Amtsesel Hugo auf dem Dorfplatz ein eigenes Denkmal bekommen hat.

Besondere Zeiten erfordern übrigens besondere Maßnahmen, und so präsentieren sich die Eschbacher Esel chic in Strick mit Mundschutz gegen Corona!

Adresse 76831 Eschbach, Übersicht unter eschbach-pfalz.de/?page_id=178 | Pkw A 65, Abfahrt Landau-Zentrum, Richtung Landau-Zentrum / Offenbach / Queich, L 509 bis Eschbach nehmen, Schildern folgen | Tipp Den einen ihre Esel, den anderen ihre Gockel: Im Nachbarort Göcklingen finden Sie weiteres tierisches Vergnügen in der gemütlichen Bierstube im Göcklinger Hausbräu. Probieren Sie sich durch die verschiedenen Göcklinger Biersorten – Blick auf den Braukessel inklusive (www.goecklingerhausbraeu.de).

26 Das Biosphärenhaus

Schlafen Sie wohl, Herr Kauz

Gibt es Löwen im Pfälzer Wald? Welche Arten von Quellen kommen hierzulande vor? Und welche Nager klettern auf Bäume? Mit Fragen wie diesen ist man im Biosphärenhaus in Fischbach richtig. In der Multimediaausstellung wird die heimische Natur anschaulich und interaktiv vorgestellt. Hier kann man die Sicht der Tiere auf ihre Umwelt einnehmen und die nächtliche Natur im Wald studieren. Eigentlich könnte man sich den Weg in die reale Natur danach sogar sparen – schließlich krabbelt und pikst es dort allerorten. Ziel ist aber, die Besucher für die Natur zu begeistern und für das empfindliche ökologische Gleichgewicht draußen im Biosphärenreservat Pfälzer-Wald-Nordvogesen zu sensibilisieren, dem mit über 3.000 Quadratkilometern größten zusammenhängenden Waldgebiet Westeuropas.

Das Gelernte soll dann auch in freier Wildbahn nachvollzogen werden, zum Beispiel auf einer Nachtexkursion. Noch nachhaltiger erfahrbar wird Natur bei einer Übernachtung im Baumwipfelpfad – vielleicht kuschelt sich ja ein geselliger Waldkauz in den Schlafsack. Tagsüber torkelt und springt man im Wipfelpfad in bis zu 35 Metern Höhe durch die Baumkronen und kehrt am Ende über eine Rutsche ins Erdgeschoss des Waldes zurück.

Das Gebäude wirkt in seiner Umgebung aus hohen Bäumen etwas fremd, wie ein eben gelandetes Raumschiff – oder wie ein Pavillon bei einer Weltausstellung, was das Biosphärenhaus auch tatsächlich war. Bei der EXPO 2000 gehörte es zu den dezentralen Projekten, die abseits der EXPO-Stadt Hannover mit ins Konzept aufgenommen wurden. Auf dem Dach – saubere Energiegewinnung ist hier praktisch Pflicht – prangt eine große Fotovoltaikanlage, die zusammen mit einer angezapften Quelle das Gebäude heizt.

Löwen gibt es übrigens tatsächlich im Pfälzer Wald. Ameisenlöwen vergraben sich in Trichtern im Sand, um auf ihre Beute zu lauern – hinterlistig geht es zu in der Biosphäre.

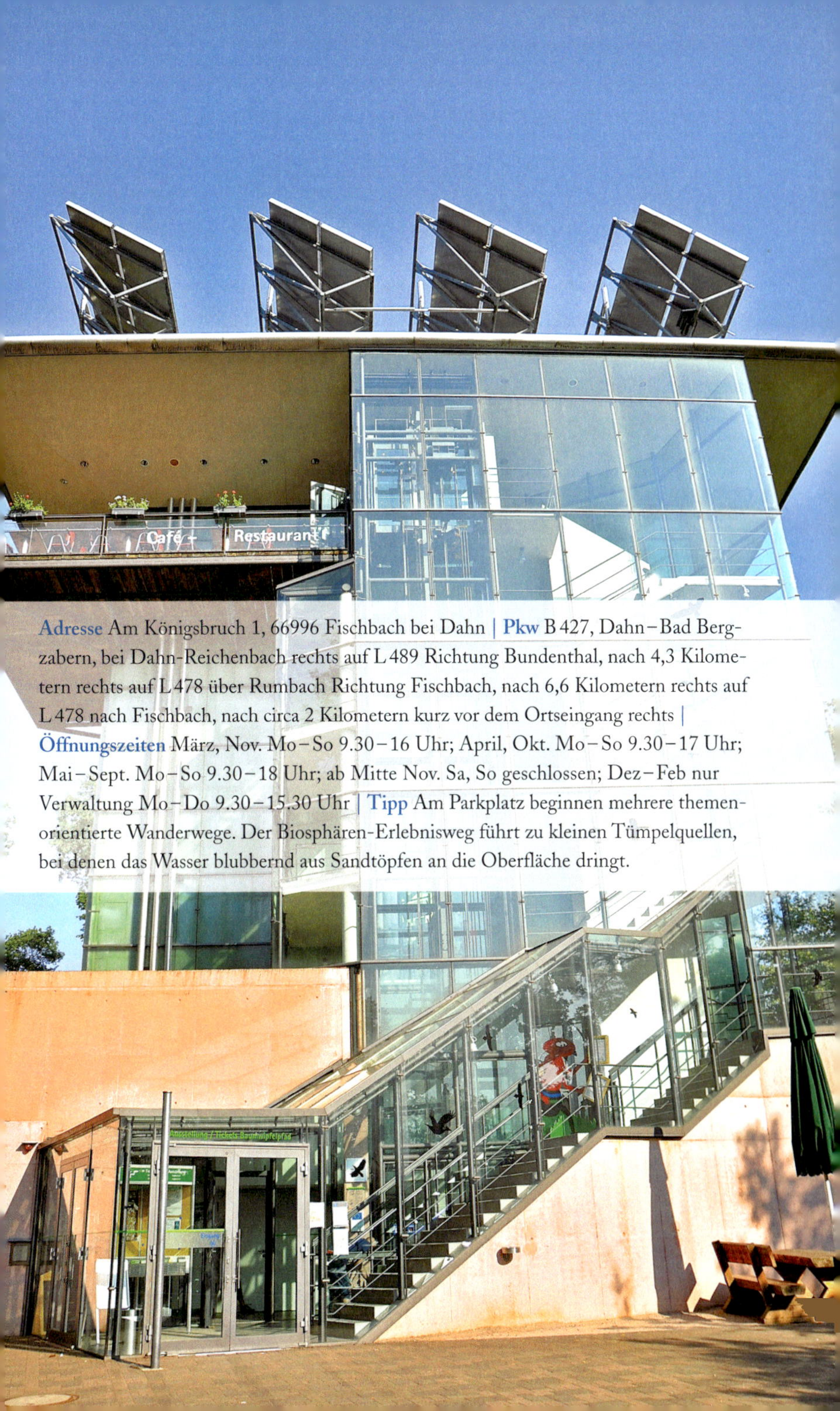

Adresse Am Königsbruch 1, 66996 Fischbach bei Dahn | **Pkw** B 427, Dahn–Bad Bergzabern, bei Dahn-Reichenbach rechts auf L 489 Richtung Bundenthal, nach 4,3 Kilometern rechts auf L 478 über Rumbach Richtung Fischbach, nach 6,6 Kilometern rechts auf L 478 nach Fischbach, nach circa 2 Kilometern kurz vor dem Ortseingang rechts | **Öffnungszeiten** März, Nov. Mo–So 9.30–16 Uhr; April, Okt. Mo–So 9.30–17 Uhr; Mai–Sept. Mo–So 9.30–18 Uhr; ab Mitte Nov. Sa, So geschlossen; Dez–Feb nur Verwaltung Mo–Do 9.30–15.30 Uhr | **Tipp** Am Parkplatz beginnen mehrere themenorientierte Wanderwege. Der Biosphären-Erlebnisweg führt zu kleinen Tümpelquellen, bei denen das Wasser blubbernd aus Sandtöpfen an die Oberfläche dringt.

27 Die Fátima-Madonna

Weiße Frau mit Aussicht

Was macht die weiße Frau auf dem Felsen?! Für gewöhnlich krönen verkrüppelte Kiefern und Burgruinen die Buntsandsteinfelsen des Wasgau. Wie ein Trugbild aus einer fernen Hemisphäre erscheint da die weiße Figur über dem Abgrund. Aus der Richtung von Fischbach muss man allerdings gezielt hinsehen, sonst erkennt man sie nicht. Von nicht gerade beeindruckendem Ausmaß, ist die Fátima-Madonna vor den sie beschattenden Bäumen dahinter leicht zu übersehen, besonders gegen Abend, wenn im Westen der Himmel hell leuchtet.

Dabei ist ihr Standort spektakulär. Aus erhabener Position auf dem Gipfel des Großen Hinzenfelsen überblickt sie das Talbecken von Fischbach. Die Teilnehmer der Lichterprozession, die am Sonntag vor oder nach Mariä Himmelfahrt von der Ulrichskapelle in Fischbach zu ihr gehen, verrichten ihre Andacht direkt unterhalb des Felsens.

Die Fischbacher sind im Gegensatz zur sonst mehrheitlich evangelischen Pfalz zu 80 Prozent katholisch, die Marienverehrung hat also eine lange Tradition. Doch wieso errichteten sie die Madonna auf dem Felsen? Alois Schmitt, lange Jahre Pfarrer von Fischbach, legte während des Zweiten Weltkriegs ein Gelübde ab: Bleibt sein Heimatort einigermaßen verschont, lässt er in Fischbach eine Marienstatue nach dem Vorbild der Madonna von Fátima in Portugal errichten. Der Krieg wütete zwar auch in Fischbach, doch der Pfarrer erfüllte trotzdem seinen Teil des Deals. 1958/59 stellte man an drei Seiten des Felsens, den die Fischbacher »Zur Schönen Aussicht« nennen, Holzgerüste auf und hievte die aus drei Teilen bestehende Figur hinauf. Am Muttertag 1959 wurde die »Madonna zur immerwährenden Hilfe« geweiht. Mit den Jahren verdeckte sie immer dichter werdender Wald; 2009 wurde daher in einer groß angelegten Aktion mit über 80 Helfern das Gebiet von Bäumen befreit, sodass die Figur nun wieder weithin sichtbar ist – zumindest nachts, wenn sie angestrahlt wird.

Adresse Wirtschaftsweg neben Friedhofstraße, 66996 Fischbach bei Dahn | Pkw B 427, Dahn – Bad Bergzabern, bei Dahn-Reichenbach rechts auf L 489 Richtung Bundenthal, nach 4,3 Kilometern rechts auf L 478 über Rumbach Richtung Fischbach, nach 6,6 Kilometern rechts auf L 478 nach Fischbach, nach circa 3 Kilometern links auf Friedhofstraße, nach circa 300 Metern links beim Friedhof parken, der Weg zur Madonna beginnt circa 150 Meter weiter auf der anderen Straßenseite | Tipp Die spätgotische Ulrichskapelle auf dem Friedhof von Fischbach, von der die alljährliche Prozession zur Fátima-Madonna startet, beherbergt eine der ältesten Mariendarstellungen des Bistums Speyer (13. Jahrhundert).

28 Das Wasgau-Theater

Schuld war nur die Regentrude

Am Anfang stand ein Theaterprojekt der Petersbächler Jugendgruppe. Theodor Storms Märchen »Die Regentrude« wurde inszeniert und am 30. September 1978 aufgeführt – die Idee des Wasgau-Theaters war geboren. Betritt man heute die feste Spielstätte und hört die dazugehörige Geschichte des Theaters samt Verein, kann man den Glanz in den Augen des Pressereferenten Dominic Maginot verstehen. Beeindruckend zu hören, wie quasi aus dem Nichts ein Theater entstanden ist, für das eingeschworene Fans sogar ihr Abonnement am Staatstheater gekündigt haben. Die Sorge des Ensembles, mit einer festen Spielstätte einen Teil des Publikums zu verlieren, erwies sich als unbegründet: Etliche Stammgäste, die teils ihren Urlaub am Spielplan ausrichten, traten die Reise nach Fischbach an. »Mir kame zum Publikum, heute kumme se zu uns«, berichtet Maginot stolz.

Zuvor war das Theater 20 Jahre durch die Ortschaften des Pfälzer Waldes getourt und gastierte mit seinen Stücken in Turnhallen und Wirtshäusern. Kostüme, Bühnenbild, Requisite und Aufführungsmöglichkeiten – um alles kümmerten sich die Mitglieder selbst, angespornt vom Erfolg der ersten Aufführungen. Zum Repertoire zählen Märchen wie »Zwerg Nase« oder Kindergeschichten wie »Pünktchen und Anton«, dazu Mundartstücke, Dramen, Komödien oder Krimis von Agatha Christie. Die Ausstattung wurde dank finanzieller Förderung immer professioneller: Eine mobile Beleuchtungsanlage und ein Vorhang reisten immer mit!

Der Fundus wuchs. In den 1990ern wurde ein aufgegebenes Kino auf dem ehemaligen Gelände der US-Army übernommen – nach einer abenteuerlustigen Besichtigung »mit einer Taschenlampe und einem Feuerzeug«. Nach umfassenden Sanierungsarbeiten können nun 127 Zuschauer das Geschehen auf der 44-Quadratmeter-Bühne verfolgen. Eröffnet wurde die feste Spielstätte wieder mit einem Märchen. Und alles nur wegen der Regentrude!

Adresse Gewerbepark 2, 66996 Fischbach bei Dahn, www.wasgautheater.de | Pkw B 427, Dahn – Bad Bergzabern, bei Dahn-Reichenbach auf L 489 nach Bundenthal, dort rechts auf L 478 über Rumbach nach Fischbach, im Ort links auf Friedhofstraße und Schildern »Gewerbepark« folgen | Öffnungszeiten Infos zu Vorstellungen und Kartenreservierung auf der Webseite | Tipp Im Felsenland finden alljährlich von Mai bis September die Dahner Sommerspiele statt, eine bunte Kulturmischung aus Konzerten, Theater, Kabarett, Comedy und Jazz (www.dahner-felsenland.net/vg_dahner_felsenland/Kultur/Dahner%20Sommerspiele/).

29__Die Fleckenmauer

Rund um Geschichte

Streng genommen gehört Flörsheim-Dalsheim nicht zur Pfalz, sondern zu Rheinhessen. Aber es liegt an der Grenze, also quasi im pfälzischen Einzugsgebiet, und bietet zudem eine Besonderheit: die mittelalterliche Fleckenmauer, die einzige vollständig erhaltene Ortsbefestigung in Rheinhessen. Benannt ist die 1.100 Meter lange Mauer nicht nach ihrem Äußeren, das durchaus fleckig daherkommt – immerhin besteht das Bauwerk aus unbehauenen Kalksteinen. Vielmehr leitet sich der Name von dem Ort ab, den die Mauer umgibt: und zwar vom »Flecken« Dalsheim oder Dagolfesheim, wie die römisch-fränkische Gründung einmal hieß. Ein Flecken ist ein Dorf mit Privilegien (wie dem Marktrecht), das zudem oft der Mittelpunkt für umliegende Siedlungen ist.

Das Baurecht gab Ruprecht II. von der Pfalz (!) 1395. Grundlage war der Burgfriedensvertrag mit Friedrich Graf zu Leiningen, der Dalsheim an Ruprecht abgetreten hatte. Fortan stand der Flecken unter dessen Schutz, aber da der Pfalzgraf nicht überall sein konnte, musste eine Mauer her. Zur Finanzierung wurden den ansässigen ritterlichen Adelsherren die Steuern erlassen. Außerdem waren sie mit der Instandhaltung und Besatzung beauftragt – immerhin hatte die Mauer sieben Türme, einen von Arkaden getragenen Wehrgang und zwei Tore sowie als weiteren Schutz einen Wall und einen Hag, als sie zwischen 1470 und 1490 fertiggestellt war.

Im Laufe der Jahrhunderte verlor die Mauer ihre Wehrfunktion; die Häuser rückten immer näher. Und während Dalsheim in Frieden mit seinen Nachbarn lebte, wurde die Mauer selbst zur Gefahr: Herabfallende Steine bedrohten die Anwohner in den 1980er Jahren. Leider fanden sich dieses Mal keine Ritter zur Finanzierung der Instandsetzung. Doch davon ließen sich die Dalsheimer nicht die gute Laune verderben: Zur Feier der restaurierten Mauer wurde 1988 das Fleckenmauerfest zelebriert und nun im vierjährigen Turnus wiederholt.

Adresse zum Beispiel Höhe Am Obertor 3, 67592 Flörsheim-Dalsheim | Pkw A 61, Ausfahrt Worms, Richtung Monsheim auf B 47 fahren, nach 6,6 Kilometern rechts auf B 271/B 47 fahren und 4,2 Kilometer folgen, rechts auf Am Obertor; die Mauer ist ausgeschildert | Öffnungszeiten offen zugänglich, Führungen Mai–Okt. Sa 17 Uhr, Treffpunkt »Auf dem Römer«, Infos unter gaestefuehrer@floersheimdalsheim.de | Tipp Im knapp 15 Kilometer südlich gelegenen Dirmstein kann man Fußballgolf spielen. Bei dem Kombi-Sport aus Schweden wird ein Ball mit dem Fuß über Hindernisse in ein Loch gespielt (www.soccerpark-dirmstein.de).

30 Der jüdische Friedhof

Zeugnis von Anpassung und Ausstoßung

Der kleine Flecken Dalsheim geizt nicht mit Kulturdenkmälern: Über 23 listet das Verzeichnis auf, darunter einen jüdischen Friedhof knapp 15 Meter außerhalb der Fleckenmauer – eine Ortsrandlage, die in dieser Region sehr selten ist.

Die Quellen sind sich uneins, wann er gegründet wurde, ob 1500 oder 1579. Der Hofjude Moses Manes soll eine wichtige Rolle gespielt haben, denn für das Geld, das er dem Edelherrn von Rodenstein geliehen hatte, erhielt er das Begräbnisrecht inklusive einem Stück Land. Seinen Grabstein findet man nicht, dafür im hinteren Teil solche aus rötlichem Sandstein aus dem 18. Jahrhundert (der älteste noch lesbare stammt von 1721) und im vorderen Teil die jüngsten, marmornen aus den 1940ern. Insgesamt sind rund 200 Steine erhalten.

So weit die Fakten, doch der Dalsheimer jüdische Friedhof ist ein wertvolles Zeugnis jüdisch-deutscher Kultur, das es zu bewahren gilt. Nicht nur jüdische Kulturgeschichte lässt sich anhand der erhaltenen Inschriften, die Aufschluss über Person und Stand geben, erforschen – der Wandel hin zur gründerzeitlichen Grabmalform zeigt die Integration in die deutsche Kultur: Die ältesten Grabinschriften sind auf Hebräisch abgefasst, die etwas jüngeren auf Hebräisch und Deutsch und die jüngsten nur noch auf Deutsch. Auch ein Wache haltender Engel ist kein christlicher Zufall.

Die Juden der Gemeinde fühlten sich in erster Linie deutsch und ihrem Vaterland verbunden: Der Offizierstellvertreter Julius Klein starb im Ersten Weltkrieg »den Heldentod am 25. Sept. 1914 im 29. Lebensjahr«, wie sein Grabstein beinahe stolz verrät. Das Martyrium, das keine zwei Jahrzehnte später für Juden begann, spottet jeder Beschreibung; in wenigen schnörkellosen Worten schildert es der Grabstein der 1941 verstorbenen Sara Krämer: »Zum Gedenken an meine in Polen verbliebenen Angehörigen ... Von den Nazis in Auschwitz ermordet«.

Adresse hinter Haus Am Pfarrgarten 4, 67592 Flörsheim-Dalsheim | **Pkw** A 61, Ausfahrt Worms / Mörstadt, Richtung Osthofen / Worms-Nord / Mörstadt / W.-Abenheim, an der Gabelung links halten, Schildern nach Mörstadt folgen und L 425 nehmen, 2,4 Kilometer folgen, 1,4 Kilometer weiter geradeaus auf K 37, im Kreisverkehr 1. rechts auf L 443, nach 1,7 Kilometern rechts auf L 442, nach 1,3 Kilometern links auf K 36, nach 1,1 Kilometern rechts auf Gundersheimer Weg, links auf Am Pfarrgarten | **Öffnungszeiten** ganzjährig geöffnet; auch nicht jüdische Männer müssen eine Kopfbedeckung tragen | **Tipp** Im Ortsteil Nieder-Flörsheim befindet sich in der Untergasse 8 die ehemalige Synagoge.

31 Das Hansel-Fingerhut-Spiel

Streiten aus Tradition

Im Edelweinbauort lebt man in Frieden – trotz des Ungeheuers (siehe Seite 72). Allein zwei Streithähne können nicht anders und fechten seit fast 300 Jahren am Sonntag Lätare, drei Wochen vor Ostern, einen erbitterten Kampf auf der Weinstraße aus, der die Massen anlockt und stets gleich endet: mit dem Tod des einen. Ein Kampf auf offener Straße – womöglich noch vor Kindern? Jawohl, so will es die Tradition!

Seit 1721/22 begehen die Forster das einzigartige Hansel-Fingerhut-Spiel, bei dem Sommer und Winter um die Vorherrschaft kämpfen. Zunächst preisen die beiden Jahreszeiten – zwei Darsteller in kegelförmigen Häuschen aus Efeu beziehungsweise Stroh, ausgestattet mit Guckloch und Holzsäbeln – ihre Vorzüge. Dann beginnt der Kampf, den der Henrich-Fähnrich als richterliche Gewalt zugunsten des Sommers entscheidet. Nach dreimaligem Spiel – die Straße ist lang und der Andrang groß – wird der Winter auf dem Festplatz verbrannt (ohne Darsteller), das Fest beginnt. Während dieser Kampf eine altgermanische Vorstellung ist, kam das Spiel selbst durch Schweizer und südbadische Neubürger in die Region, die ihre Fastnachtsbräuche mitbrachten und sie mit dem hiesigen Brauchtum der Sommertagsumzüge, an denen Brezeln verteilt werden, verschmolzen. So trägt der Protagonist Hansel-Fingerhut das Narrenkleid der alemannischen Fasnacht. Gesicht und Hände sind rußgeschwärzt, was ihn jedoch nicht davon abhält, die Dorfschönheiten zu küssen. Das ermüdet den Vagabunden so sehr, dass ihn der Scherer zur Ader lässt. Doch Nudelgret erobert Hansel-Fingerhuts Herz – oder seinen Bauch – mit Brezeln.

Nach dem Hauptgottesdienst bekommen die Kinder eine Spitzwecke – ein Brauch nach einer Stiftung des Felix Christoph Traberger: Im Jahr 1600 vermachte er Forst 40 Gulden, von deren Zinsen alljährlich Spitzwecken an die Bürgerskinder verteilt werden sollten. Wie schön, wenn Bräuche Bäuche füllen!

Adresse zum Beispiel Brunnen gegenüber Weinstraße 21a, Ecke Niederkircher Straße, 67147 Forst an der Weinstraße | Pkw A 65, Ausfahrt Deidesheim, auf B 271 Richtung Bad Dürkheim einfädeln, nach 4,9 Kilometern links Richtung L 527, im Kreisverkehr 1. Ausfahrt, weiter auf L 527, rechts auf Weinstraße / L 516, circa 800 Meter bis Ecke Niederkircher Straße | Tipp Der Hansel-Fingerhut-Brunnen wurde vom Bildhauer Franz Leschinger 2003 gestaltet. Weitere seiner Skulpturen sind das Schusterdenkmal in Hauenstein oder der Bürsten- und Besenverkäufer in Ramberg. Ihm liegt viel an der »natürliche[n] Maßstäblichkeit und Form« der menschlichen Figur.

32 Die Lage Ungeheuer

Reichskanzler rühmt reifen Riesling

Ob die Weinbauern angesichts des gewaltigen Wortwitzes Otto von Bismarcks wirklich amüsiert waren oder ob sie bloß höflich lächelten, ist nicht überliefert. Bismarck jedenfalls sah sich durch den guten Geschmack des »Forster Ungeheuers« zu dem Spruch veranlasst: »Dieses Ungeheuer schmeckt mir ungeheuer.«

Und vom Weine verstand der Eiserne Kanzler eine Menge – sein Alkoholkonsum ist ebenso legendär wie seine Tabaksucht; die Fähigkeit, andere unter den Tisch zu trinken, brachte ihm den Spitznamen »Toller Bismarck« ein. Diese Laster zeichnen aber wahrscheinlich auch verantwortlich für einige körperliche Leiden: Rheuma, Venenentzündungen, Verdauungsstörungen, Hämorrhoiden, Schlaflosigkeit – die Liste ließe sich fortführen. Ende der 1880er Jahre, als er sich notgedrungen bereits dem gesünderen Leben zugewandt hatte, besuchte Bismarck den Reichstags-Vizepräsidenten Franz Armand Buhl in Deidesheim und kostete vom Riesling aus der Lage »Ungeheuer«.

Die etwa 40 Hektar große Lage befindet sich südwestlich von Forst, an den Hängen der Haardt. An dieser geologischen Bruchzone trat vor Jahrmillionen Basalt an die Erdoberfläche – ein vorzüglicher Wärmespeicher. Der Hang schützt die Reben vor Westwinden, Kalksteinablagerungen sorgen für die nötige Säure. Die hier gedeihenden Sorten Riesling und Scheurebe gelten als Spitzenweine der Pfalz.

Ob der Name Ungeheuer auf den Begriff »Ungehuwer« aus dem 15. Jahrhundert oder auf den Deidesheimer Stadtschreiber Johann Adam Ungeheuer aus dem 17. Jahrhundert zurückgeht, ist umstritten. Zwei steinerne Ungeheuer empfangen den Besucher an den beiden Dorfeingängen von Forst. Das am nördlichen Dorfeingang schuf die Steinbildhauerin Janet Weisbrodt-Barth, sein Pendant am südlichen Ortsrand stammt von Bettina C. Morio – beide kommen aus der Region. Passend zu der Bismarck-Anekdote wirken die Ungeheuer eher putzig als furchteinflößend.

Adresse Weinstraße, 67147 Forst an der Weinstraße (nördlicher und südlicher Dorfeingang) | Pkw A 65, Ausfahrt Deidesheim, auf B 271 Richtung Bad Dürkheim, nach 4,9 Kilometern links Richtung L 527, im Kreisverkehr 1. Ausfahrt, weiter auf L 527, rechts auf Weinstraße/L 516, circa 500 Meter bis zum südlichen Ungeheuer, circa 1 Kilometer weiter auf Weinstraße bis zum nördlichen Ungeheuer | Tipp Von der Weinstraße innerhalb des Ortes führen verschiedene Wege zu den Weinlagen am Haardtrand westlich des Ortes hinauf. An einem Wirtschaftsweg in den Weinhängen, dem letzten vor dem Wald, steht ein Lagenstein, auf dem die Forster Weinlagen abgebildet sind. Die Aussicht ist prächtig.

33 Das Arrestgebäude

In fester Erinnerung

Es gab Zeiten, in denen sich Pfälzer und Elsässer nicht auf die gemeinsame Liebe zum Wein, sondern auf gegenseitige Animositäten konzentrierten. Und während Frankreich nach dem Wiener Kongress 1815 wieder in kleinere Grenzen gedrängt wurde, rüstete sich der Deutsche Bund für einen möglichen französischen Angriff: Der Westen wurde befestigt.

Im Zuge dessen wurde auch Germersheim aufgrund seiner strategisch wichtigen Lage zur Festungsstadt ausgebaut. Von 1834 bis 1861 wurde an den Bauwerken, Gräben und Minengängen gearbeitet, was zwar Arbeitsplätze schuf, in der Folgezeit aber die wirtschaftliche Entwicklung der Stadt behinderte: Die Umwallung ließ quasi keinen Germersheimer nach draußen – dafür aber mögliche Kanonenkugeln hinein. Denn bereits während der Bauzeit hatten sich die Geschütze derart entwickelt, dass sie die Festungsanlagen locker hätten überwinden können – wäre ein Angriff erfolgt. Traurig waren die Germersheimer also nicht, als sich nach 1871 alles auf die Festungen in Metz und Straßburg konzentrierte und die eigene Anlage von 1920 bis 1922 im Zuge des Versailler Vertrages geschleift wurde. Trotzdem blieb Germersheim Garnisonsstadt; bis heute gibt es die Südpfalz-Kaserne, die bis Juni 2015 General-Hans-Graf-von-Sponeck-Kaserne hieß. General von Sponeck war einer der Insassen des Wehrmachtsgefängnisses im Arrestgebäude – weil er Ende 1941, »gegen den ausdrücklichen Befehl aus dem Führerhauptquartier, die Halbinsel Kertsch in aussichtsloser militärischer Lage geräumt und damit viele Menschen vor dem sicheren Untergang bewahrt« hatte, wie die Gedenktafel verkündet. (Die Umbenennung erfolgte, weil Sponeck jüngsten Erkenntnissen zufolge auch Kriegsverbrechen begangen hat.) Rund 1.200 »straffällig« gewordene Wehrmachtsangehörige saßen hier ein; die zum Tode Verurteilten in Dunkelhaft in Einzelzellen im Keller. Mindestens 47 namentlich bekannte Wehrmachtsangehörige zwischen 19 und 56 Jahren wurden hier erschossen; eine Gedenktafel erinnert ihrer.

Adresse Rudolf-von-Habsburg-Straße 2, 76726 Germersheim | ÖPNV S-Bahn 33, Haltestelle Germersheim Mitte/Rhein | Pkw A 61, Ausfahrt Speyer, auf B 9 Richtung Germersheim einfädeln, nach 16,5 Kilometern Ausfahrt B 35 Richtung Germersheim-Nord, nach 1,9 Kilometern Ausfahrt Germersheim-Nord, im Kreisverkehr 1. rechts auf Hafenstraße, im Kreisverkehr 2. rechts, links auf Bahnhofstraße bis Rudolf-von-Habsburg-Straße, parken, Zugang über Schloßstraße | Öffnungszeiten Unter www.germersheim-erleben.eu/Erlebenswertes/Fuehrungen/index.php/ finden Sie Informationen zu historischen Führungen durch die Festungsstadt Germersheim. | Tipp Das Stadt- und Festungsmuseum im Ludwigstor liefert weitere Infos (April–Dez. 1. So im Monat 10–17 Uhr, jeden Mi 14–18 Uhr).

34__Das Straßenmuseum

Spannend wie ein Roadmovie

Man kann das Rad nicht neu erfinden – wozu auch, einmal reicht der geniale Einfall schließlich! Mindestens genauso wichtig aber sind Straßen, denn wie ein Rad nun mal so ist, möchte es auch rollen – und dazu braucht es idealerweise einen befestigten Untergrund. Wo dieser aufhört, sei es, weil ein Berg im Weg oder das Rad vor einem Abgrund steht, bedarf es eines Tunnels respektive einer Brücke – ebenfalls Erfindungen, die irgendwann einmal das erste Mal konstruiert werden mussten. Zugegeben, wahrscheinlich wurde der erste Baumstamm nicht verwendet, um trockenen Rades, sondern trockenen Fußes über den Bachlauf zu kommen, aber das Bild ist klar: Damit alles im Rollen bleibt, braucht es eine gute und sichere Infrastruktur.

Deren Regisseure, die Straßenbau- und Verkehrsingenieure, können aber noch mehr: In Germersheim gründeten sie 1989 einen Trägerverein, aus dem sich das Deutsche Straßenmuseum im ehemaligen Zeughaus entwickelte. Wo früher Ausrüstung und Waffen gelagert und instand gesetzt wurden, finden sich heute auf 5.000 Quadratmetern viele Exponate, Modelle, Fahrzeuge, Maschinen und Geräte zur Chronologie der Straßenbau- und Verkehrstechnik. Und das ist spannend, denn Straße ist nicht gleich Straße, im Laufe der Jahrhunderte veränderten sich die Ansprüche: Um 800 vor Christus reichte ein altgermanischer Bohlenweg, um den Menschen schnell und sicher ans Ziel zu bringen. Heutzutage bedarf es asphaltierter Straßen mit Schutzeinrichtungen, Signalen und Zeichen, dazu Unter- und Überquerungen (auch für Tiere!), und alles will verwaltet werden.

Im Straßenmuseum, europaweit eines von dreien, kann man neben den entsprechenden Informationen allerlei auf sich wirken lassen. Die alten Fahrzeuge, Zapfsäulen und ausgestellten Verkehrsschilder entlocken oftmals Ausrufe des Entzückens, wenn die persönliche Erinnerung wach wird. Ganz großes Kino!

Adresse Zeughausstraße 10, 76726 Germersheim | **ÖPNV** S-Bahn 33, Haltestelle Germersheim Mitte/Rhein | **Pkw** A 61, Ausfahrt Speyer, auf B 9 Richtung Germersheim einfädeln, nach 16,5 Kilometern Ausfahrt B 35 Richtung Germersheim-Nord, nach 1,9 Kilometern Ausfahrt Germersheim-Nord, im Kreisverkehr 1. rechts auf Hafenstraße nehmen, im Kreisverkehr 2. rechts, links auf Bahnhofstraße, weiter auf Zeughausstraße | **Öffnungszeiten** Di–Fr 10–18 Uhr, Sa, So, Feiertage 11–18 Uhr, Führungen nach Voranmeldung unter Tel. 07274/500500 | **Tipp** Das Ziegeleimuseum am Rhein in Germersheim-Sondernheim stellt die Entwicklung der Ziegelherstellung in ihren Produktionsabläufen dar (www.ziegelei-sondernheim.de).

35 Die Galopprennbahn

Hübsche Hüte und rasante Rennen

1.820 Meter Gesamtlänge, eine imposante Zielgerade von 560 Metern, eine diagonal angelegte Jagdbahn mit zwölf fest installierten Hindernissen, ein Zuschauerbereich für 10.000 bis 15.000 Besucher, Stallungen mit 150 Boxen und eine rund 130-jährige Tradition – die Rennbahn beeindruckt. Der Pfälzische Rennverein Haßloch wurde 1886 gegründet, Rennbahn und Betrieb trotz zweier Weltkriege immer weiter ausgebaut, sodass die Bahn in Haßloch heute zu den vier größten in Süddeutschland zählt.

Der wichtigste Erfolg war allerdings ein Auswärtssieg: Der damals 35-jährige Kultjockey Erwin Schindler gewann 1982 auf Ako das Deutsche Derby in Hamburg, das Rennen aller Rennen! Die Sensation war perfekt, denn der in Haßloch von Hans-Günther Heibertshausen trainierte Hengst war als Außenseiter an den Start geschickt worden und erzielte deshalb die höchste Siegquote in der Geschichte des Derbys: 608:10. Für die damals 17-jährige Besitzerin Stefanie Seiler bedeutete das eine Gewinnsumme von 444.700 Mark. Erwin Schindler blieb auch weiterhin der Haßlocher Trainingszentrale verbunden. Der Entschluss zum Karriereende »kam überlegt, aber auch spontan«, sagte er im Interview 2005. Er habe keine Perspektiven mehr gesehen, fand keine Herausforderungen mehr. Verständlich, denn bis dahin hatte der Jockey rund 1.350 Erfolge feiern können.

In Haßloch geht die Tradition allerdings weiter: Jährlich locken die Renntage Tausende Besucher an, darunter das Hauptereignis, die »Haßlocher Meile«. Im Millenniumsjahr konnte an einem traditionellen Himmelfahrtsrenntag ein Besucherrekord und damit der höchste Totalisatorumsatz auf einer süddeutschen Rennbahn erzielt werden. Und die Zuschauer fühlen sich wohl. Vor allem auf der mediterranen »Sonnenterasse« an der Zielgeraden gibt es viel zu gucken: spannende Endspurts und sicherlich auch die ein oder andere extravagante Hutkreation.

Adresse Rennbahnstraße 158, 67454 Haßloch, www.deutscher-galopp.de/gr/galopprennbahnen/hassloch | Pkw A 65, Ausfahrt Haßloch, Richtung Meckenheim/Böhl-Iggelheim, im Kreisverkehr 3. Ausfahrt auf L 530, geradeaus auf L 529, nach 4 Kilometern rechts auf Rennbahnstraße, 1,1 Kilometer folgen | Öffnungszeiten Infos zu Terminen auf der Webseite | Tipp Ein paar Fußmeter weiter geht auf der gegenüberliegenden Straßenseite der Weg An der Fohlenweide ab zur ehemaligen Radrennbahn samt Restaurant (Do–Mo 11.30–22 Uhr, Küche bis 21 Uhr, Tel. 06324/9805826).

36 Die Ponyfarm »Die Pfalz«

Die älteste Pfälzerin ihrer Art

Seit 1965 ist die Ponyfarm eine Pfälzer Institution – mehrere Reitergenerationen haben hier unter dem Seniorchef Ulrich »Teddy« Tettenborn bereits das Glück auf dem Rücken der Pferde entdeckt, denn Teddys Augenmerk liegt vor allem auf den »Küken«, den Vier- bis Siebenjährigen. In den Kükenkursen werden diese spielend an Ponys herangeführt. Je eher, desto besser, lautet die Devise von Opa Teddy, wie die Kinder Ulrich Tettenborn liebevoll nennen.

Dieses Konzept ist nur eine Besonderheit der Ponyfarm, eines Ortes, der auf den ersten Blick zwar ausgesprochen nett, aber nicht so außergewöhnlich erscheint, als dass er in einen Entdeckungsführer gehörte. Doch schaut man etwas genauer hin, stößt man auf viel Geschichte und noch mehr Geschichtchen, die hier gar nicht hinreichend geschildert werden können.

Einen Versuch sei es trotzdem wert: Hinter allem stecken nicht nur Ulrich Tettenborns handwerkliche Fähigkeiten, eine Ponyfarm zu konzipieren und zu bauen, sondern vor allem seine Liebe zu Kindern und zum Zirkus. 1957 baute er, dessen Patentante die Zirkusdirektorin Paula Busch war, einen Kinderzirkus auf. Für eine Nummer sollte ein Hund dressiert werden; umständehalber wurde daraus das Shetlandpony Bento. Mit Ponyreiten wurden die Auftritte, aber auch weitere Ponys finanziert, Teddy begann mit ihnen zu handeln und gründete die Farm – die Tiere mussten ja untergebracht werden. Während all der Jahrzehnte »ritt« Teddy mehrgleisig: Ponyreiten, erfolgreiche Zucht, Reiterferien, Reitunterricht und ein eigenes Showensemble, das sich einen internationalen Ruf erwarb – all diese Geschichten finden sich noch heute auf der Farm, mittlerweile unter der Regie von seinem Sohn Frank und dessen Frau Marie.

Bei der Versorgung der 100 Ponys verschiedener Rassen und der Pflege der Anlage bringen sich die »Hofkinder« ein. Oft sind sie – wie schon ihre Mütter – flügge gewordene Küken; inzwischen betreuen sie eigene Pflegeponys. Teddys Strategie ist also aufgegangen.

Adresse An der Ponyfarm 1, 67454 Haßloch, www.ponyfarm.de | Pkw A 65, Ausfahrt Haßloch, Richtung Meckenheim/Böhl-Iggelheim, im Kreisverkehr 3. Ausfahrt auf L 530 nehmen, geradeaus auf L 529, nach 5,8 Kilometern rechts auf Bruchhof | Öffnungszeiten Mo–Fr 14–17 Uhr, Sa, So, Feiertage 10–17 Uhr | Tipp In direkter Nachbarschaft zur Ponyfarm liegt der Freizeitpark Holiday Park. Hier gibt es allerhand unterhaltsame Attraktionen (www.holidaypark.de).

37 Das Testdorf

Truman Show auf Pfälzisch

Haßloch ist Durchschnitt – und deshalb etwas ganz Besonderes. Laut Statistik repräsentiert das rund 21.000 Einwohner starke Großdorf ziemlich genau die bundesdeutsche Bevölkerungsstruktur, was Alters-, Einkommens- und soziale Gruppen angeht. Zudem sind vor Ort alle wichtigen Einzelhändler vorhanden und last, but not least: Haßloch war die erste Gemeinde im Landkreis Bad Dürkheim mit Kabelfernsehen.

Diese Punkte veranlassten die Gesellschaft für Kommunikationsforschung (GfK), Haßloch 1986 als Testmarkt für neu einzuführende Produkte zu wählen. Und das geht so: Möchte ein Hersteller ein neues Produkt auf dem bundesdeutschen Markt einführen, aber zuvor prüfen, ob es gekauft wird, landet es in den Haßlocher Drogerie- und Supermärkten. Ob Seifen, Wasch- und Putzmittel oder auch neues Naschwerk: Circa 20 Produkte im Jahr werden zunächst in Haßloch feilgeboten – allerdings ohne Kennzeichnung.

Jedoch – es handelt sich nicht um eine wahr gewordene Truman Show, deren Hauptdarsteller nicht weiß, dass sein Leben eine Realitysoap ist. Rund 3.400 repräsentative Haushalte beteiligen sich freiwillig als Testkunden. In 2.500 von ihnen wird mittels Mikrocomputer ein nationaler Werbespot durch Spots für aktuelle Testprodukte ausgetauscht; auch die gratis verteilten TV-Zeitschriften werden solchermaßen »präpariert«. Ob die Werbung Erfolg hatte, entscheidet sich an der Kasse: Auf Chipkarten werden die Einkäufe der GfK-Familien registriert. Und die Erfahrung zeigt: Was in Haßloch ankommt, landet auch bundesweit im Einkaufswagen!

Manipuliert fühlt sich in Haßloch niemand, stattdessen spürt man Stolz und Freude über die vielen tollen Neuerungen: Eine zugezogene Leverkusenerin schmunzelte, dass sie hier Dinge kaufen kann, die ihre Freunde in der alten Heimat gar nicht kennen – und die sie selbst in den rheinischen Supermärkten sogar schon vermisst hat!

Adresse zum Beispiel Rosenstraße, 67454 Haßloch | **Pkw** A 65, Ausfahrt Haßloch, Richtung Meckenheim / Böhl-Iggelheim, im Kreisverkehr 3. Ausfahrt auf L 530 nehmen, geradeaus auf L 529, nach 1,9 Kilometern links ab, um auf L 529 zu bleiben, links ab auf Lindenstraße / L 532, links auf Erlenweg, rechts auf Rosenstraße | **Tipp** Drehen Sie den Spieß einmal um und testen Sie Haßloch: In der Langgasse kann man wunderbar bummeln. Und vielleicht entdecken Sie in den Supermärkten ein derzeit getestetes Produkt.

38 Das Schuhmuseum

Vom Schnabelschuh bis zum Weltmeister-Fußkleid

Die Fußball-Schuhe von Weltmeister Bastian Schweinsteiger sind ein Hit, die 18-Prozent-Sohlen von Guido Westerwelle wecken politische Erinnerungen. Ein Wanderschuh von Altkanzler Helmut Kohl steht Seit an Seit mit der Originalleiste eines Schuhs von Charles de Gaulle. Die Gegenstücke stehen im Schuhmuseum von Saint André in Frankreich, die Freundschaft der Museumsdirektoren brachte die Reliquien deutsch-französischer Politik zusammen. Allerlei weitere prominente Schuhpaare bilden den Abschluss einer Tour durch das Deutsche Schuhmuseum, das – in der 1929 im Bauhausstil errichteten ehemaligen Schuhfabrik der Gebrüder Schwarzmüller eingerichtet – die Bedeutung Hauensteins als »Schuhdorf« verdeutlicht.

Die Ausstellung beherbergt reichhaltige Beispiele für mittelalterliche Fußbekleidung aus dem 13. bis 15. Jahrhundert. Schlupfschuh und Schnabelschuh klingen nicht nur kultig, die jahrhundertealten Modelle würden auch dem Hipster von heute gut zu Gesicht stehen. Lotus-Schuhe aus dem alten China dagegen möchte wohl niemand anprobieren – lassen sie doch die Qualen ihrer Trägerinnen erahnen. Einen großen Teil der Exponate verdankt das Museum dem Sammler Ernst Tillmann, der allein 3.600 Paar Schuhe aus zwei Jahrtausenden zusammengetragen hat. In das größte Schuhpaar der Welt können Kinder komplett hineinschlüpfen – bei Schuhgröße 247 stellt sich nur die Frage: Wer soll die tragen?

Nach Besichtigung einer großen Ansammlung historischer Produktionsmaschinen aus verschiedenen Epochen kann man in einem liebevoll eingerichteten Schuhsalon den Chic der guten alten Nachkriegszeit nachempfinden. Eine damalige Erfindung, die man besser nicht ausprobieren sollte, ist das Pedoskop – oder Schucoskop. Damit konnten Röntgenbilder zur Passgenauigkeit von Schuhen gemacht werden. In den 1960er Jahren wurden die Geräte jedoch wieder aus den Geschäften verbannt – man hatte erhebliche gesundheitliche Risiken festgestellt.

Adresse Turnstraße 5, 76846 Hauenstein in der Pfalz | **Pkw** B 10, Landau–Pirmasens, Ausfahrt Hauenstein, auf Pirmasenser Straße/L 495 durch den Ort Richtung Lug, nach 2 Kilometern rechts auf Burgstraße, nach 200 Metern links auf Turnstraße, auf der linken Seite | **Öffnungszeiten** März–Nov. Mo–So 9.30–17 Uhr; Dez.–Feb. Mo–Fr 13–16 Uhr, Sa, So 10–16 Uhr; 1.1., 24.12., 25.12., 26.12. und Faschingsdienstag geschlossen, von Nov. 2020 bis voraussichtlich April 2021 wegen Umbauarbeiten geschlosssen | **Tipp** Auf dem Schusterpfad kann man die Felsenwelt rund um Hauenstein mal auf bequemen Wegen, mal auf schmalen Pfaden erleben. Der 15 Kilometer lange Weg beginnt und endet am Ortseingang (Ausfahrt von B 10, neben dem Penny-Markt), er lässt sich vom Bahnhof Hauenstein-Mitte abkürzen.

39__Das Sandbahnrennen

Schnell, laut, gefährlich, yeah!

Geschwindigkeit und im Dreck wühlen – in Herxheim werden Männerträume wahr. Doch auweh – bevor hier eine Gender-Debatte losgetreten wird, sprechen wir lieber von geschlechterunabhängigen Urbedürfnissen. Denn speziell an Christi Himmelfahrt gilt: Hier geht die Familie gemeinsam zum Sandbahnrennen, während Mann andernorts mit Bollerwagen auf Vatertags-Zechtour geht und, wankend heimkehrend, von seinen Lieben vorwurfsvoll empfangen wird. Keine schlechte Alternative also.

Herxheim bietet: viel Lärm, Staub, der sich bei Regen in Matsch verwandelt, waghalsige Manöver und eine Prise Gefahr – die Möglichkeit schwerer Unfälle macht die Faszination ein Stück mit aus. Die Rennen, die mehrmals im Jahr stattfinden, ziehen in der Pfalz und darüber hinaus ein breites Publikum an. Und sie haben eine lange Tradition – bereits 1931 fand das erste »Pfälzische Erdbahnrennen« in Herxheim statt. Heute liegen die Besucherzahlen bei 15.000 oder darüber, an Christi Himmelfahrt ist alljährlich die gesamte Weltspitze der Langbahnfahrer beim Vatertagsrennen vertreten. Der coronabedingte Ausfall 2020 schockte nicht nur die Herxheimer. Innerhalb der 1.000 Meter messenden Langbahn liegt zusätzlich eine Speedwaybahn von 283 Metern Länge.

Das Waldstadion ist ein wahres Mekka des Motorrad-Bahnsports, viele Male wurden hier bereits Weltmeisterschaftsrennen auf der Langbahn ausgetragen. 1996 und 2001 holte den Titel an diesem Ort Gerd Riss für die Motorsportvereinigung Herxheim (MSVH). Riss, Publikumsliebling und insgesamt achtfacher Weltmeister im Langbahnrennen, stürzte bei einem Rennen in Frankreich im Jahr 2011 so schwer, dass er seine Karriere aufgeben musste. Von der Faszination abbringen lässt sich ein solcher Champion jedoch nicht – seit seinem Unfall betreut er seine Söhne. Einer der beiden, Erik Riss, ist dann auch als Weltmeister 2014 und 2016 erfolgreich in Vaters Fußstapfen getreten.

Adresse St.-Christophorus-Straße 14, 76863 Herxheim bei Landau, www.speedway.de | **Pkw** A 65, Ausfahrt Rohrbach, auf L 493 nach Herxheim, nach 3 Kilometern am Ortseingang im Kreisverkehr 1. Ausfahrt auf Ortsrandstraße Süd-West, nach 1,6 Kilometern im Kreisverkehr 2. Ausfahrt auf St.-Christophorus-Straße | **Öffnungszeiten** Infos zu den Veranstaltungen auf der Webseite | **Tipp** Im Ortsteil Hayna wird die Hauptstraße von einer Reihe schöner Fachwerkhäuser gesäumt (3 Kilometer weiter südlich über L 542 fahren).

40 Die Tabakschuppen

Hübsche Hütten mit gefährlichem Inhalt

Eigentlich eine Pflanze der Subtropen, machten hohe Nachfrage sowie Einfuhrbeschränkungen den Anbau von Tabak ab Ende des 16. Jahrhunderts auch hierzulande lukrativ. Dass die ersten Pflanzen in Deutschland mit dem Ziel gezogen wurden, Tabak für medizinische Zwecke zu nutzen – zuerst geschehen 1573 im Pfarrgarten des pfälzischen Hatzenbühl –, erscheint angesichts des heute schlechten Rufs der Pflanze eher skurril. Zentrum des Anbaus war von Beginn an die Oberrheinebene mit ihrem warmen Klima und sandigen Böden; in die Pfalz gezogene Hugenotten brachten Ende des 17. Jahrhunderts neues Know-how und Sorten mit.

Nach der Ernte müssen die Tabakblätter wochenlang trocknen, und das geschieht in extra hierfür konstruierten Holzschuppen. Die ältesten noch existierenden Tabakschuppen in der Pfalz datieren aus der zweiten Hälfte des 19. Jahrhunderts; sie stehen, wie die in Herxheimweyher, auf dem Gelände des Hofes, zu dem sie gehören. In den schlanken Holzkonstruktionen lassen Lücken zwischen den Brettern Feuchtigkeit abziehen und trockene Luft nachrücken, auch etwas Sonnenlicht dringt ein. Dadurch sinkt der Wassergehalt der in mehreren Etagen hängenden Blätter von 90 auf 15 Prozent, und chemische Stoffe werden abgebaut, wodurch der Tabak seinen angenehmen Duft und Geschmack erhält.

Die eleganten Schuppen sind jedoch in ihrer Existenz gefährdet. Tabak wird nur ein paar Wochen im Jahr gelagert, die simple Bauweise macht die Schuppen unattraktiv für zusätzliche Nutzung. Neue Arten von Tabakschuppen bestehen aus Plastikfolie, ähneln Gewächshäusern und erlauben eine kontrollierte Luftzufuhr. Auch macht das Ende der Subventionierung dem Tabakanbau generell zu schaffen. Also werfen Sie besser schnell noch einen Blick auf die archaischen Holzschuppen, bevor ihre letzte Trocknung naht! – Am besten kurz nach der Ernte, wenn die Luft vom würzigen Duft der Blätter erfüllt ist.

Adresse zwischen Hauptstraße 39 und 41, 76863 Herxheimweyher | **Pkw** A 65, Ausfahrt Rohrbach, auf L 493 durch Herxheim Richtung Germersheim (dabei 2 Kreisverkehre passieren), nach 6,8 Kilometern in Herxheimweyher zwischen Hauptstraße 39 und 41 rechts abbiegen | **Tipp** Im Herxheimer Ortsteil Hayna, neben der Mehrzweckhalle, beginnt und endet die Tabaktour, ein 35 Kilometer langer Radwanderweg. Rund um Herxheim erschließt die Tour Orte, die mit dem Tabakanbau in Verbindung stehen.

41_Der Teufelstisch

Teufels Beitrag zu Gottes Werk?

Wie kommt so eine Form zustande? Diese Frage stellt man sich auch heute noch im Angesicht mancher Felsgebilde im Pfälzer Wald. Verständlich, dass für frühere Generationen manch markantes Naturdenkmal nur unter Mithilfe von Hexen, Drachen oder anderen mythischen Gestalten entstehen konnte.

Die Bewohner von Kaltenbach, heute ein Teil von Hinterweidenthal, waren doch sehr verwundert und erschüttert, als eines Morgens auf einem Bergrücken oberhalb ihres Ortes ein riesiger Tisch aus Sandsteinfelsen aufgebaut war. Keine Frage, da musste der Teufel am Werk gewesen sein, und schon hatte das Konstrukt seinen Namen weg. Der Pfälzer Heimatdichter Fritz Claus weiß in seinem Gedicht »Die Sage vom Teufelstisch« zu erzählen, wie »ein finsterer Gesell« auf nächtlicher Wanderschaft keine geeignete Unterlage für das Abendmahl vorfand und in der Not schnell zum Tischler avancierte. Natürlich ließ er sein »Möbelstück« danach einfach so stehen. Ein junger Mann schenkte der Teufelsgeschichte keinen Glauben, wollte seinen Mut beweisen und wanderte in der kommenden Nacht zum Felsen hinauf. Nachdem man um Mitternacht einen fürchterlichen Schrei hörte, ward der Übermütige nie mehr gesehen.

Zieht man die Erklärungsmuster der Geologen zurate, ist die 14 Meter hohe Gestalt das Ergebnis von Erosion. Über Jahrmillionen nagten Wasser, Wind und Temperaturen an den weicheren Oberflächenschichten und ließen einen harten Kern stehen – ein sogenannter Pilzfelsen ist das Ergebnis. Der »Tischfuß« weist eine bröselige Schichtung auf. Und so dürfte es nur eine Frage der Zeit sein, bis der Felsen einstürzt.

Doch so schnell wie beim Aufbau wird es beim Ende des Tisches nicht zugehen – ein paar Millionen Jahre steht er wohl noch. So kann man sich, auf die Wissenschaft bauend, wohl gar mitternachts unter die Tischplatte setzen und warten – ob sich denn wirklich alles so unteuflisch verhält.

Adresse Im Handschuhteich 31, 66999 Hinterweidenthal | Pkw B 10, Landau – Pirmasens, Ausfahrt Hinterweidenthal, auf B 427 Richtung Dahn, nach 750 Metern rechts auf Bahnhofstraße, gleich wieder rechts auf Im Handschuhteich | Öffnungszeiten Teufelstisch frei zugänglich, »Erlebnispark Teufelstisch« Mo – So 10 – 18 Uhr (in den Wintermonaten – je nach Wetterlage von etwa Anfang Nov. bis etwa Ende März – geschlossen) | Tipp Hervorragenden Kuchen und leckere Trüffel gibt es im Café Zürn in der Hauptstraße 83 in der Ortsmitte von Hinterweidenthal (Di – Fr 6 – 18 Uhr, Sa 6 – 12.30 Uhr, So 8 – 18 Uhr).

42 Die Hördter Rheinaue

Ein Pfälzer Dschungelerlebnis

Ja, sind wir denn hier am Amazonas? Die Landschaft in der Umgebung sieht doch so ordentlich aus. Der Rhein fließt, an die Bedürfnisse der Landwirtschaft und der Flussschifffahrt angepasst, geordnet in einem kanalisierten Bett, die Felder werden regelmäßig bestellt, die Dörfer sehen gepflegt aus. Und dann dieser undurchdringliche Dschungel! Ein labyrinthisches System aus Tümpeln und Wasserläufen, der Boden gibt nach; tief hängende Weiden, schlingende Lianen. Wildbirnenbäume, efeuumrankt. Und erst die vielen verschiedenen unheimlich klingenden Schreie der Vögel – es kann einem bange werden.

Umso unglaublicher, dass dies alles Menschenwerk sein soll. Als der Rhein nämlich noch nicht begradigt war – etwa bis 1825 war das in dieser Region der Fall –, waren die Altrheinarme der eigentliche Strom, der auch damals bereits viel befahren wurde. An den Ufern tummelten sich zu jener Zeit keine Eisvögel, umrankten keine Urwaldgewächse die breiteren Baumriesen, dafür traten sich die Treidelpferde gegenseitig auf die Hufe. Ein reger Verkehr herrschte entlang der windungsreichen Gestade von Vater Rhein.

Durch die Begradigung unter Johann Gottfried Tulla und seinen Nachfolgern und der damit verbundenen Stilllegung der Flussschlingen konnten sich im Lauf der Zeit so artenreiche Lebensräume entwickeln, wie sie heute in der Hördter Rheinaue zu sehen sind. Mit 851 Hektar ist sie das zweitgrößte Naturschutzgebiet der Pfalz. Zahlreiche Wege erschließen die Wildnis, die so wild gar nicht ist. Das trifft auch auf einige Teiche zu, die entlang des Altrheins liegen – sie entstanden durch den Abbau von Ton für eine nahe gelegene Ziegelei.

Im Gegensatz zur Zeit der Begradigungen weiß man die unberührten Flächen an den Ufern heute zu schätzen – dienen sie doch der Entlastung für landwirtschaftliche Flächen und besiedelte Gebiete, wenn mal wieder Hochwasser ist.

Adresse Wörthstraße/L 552, 76771 Hördt | **Pkw** B 9, Speyer–Wörth, Ausfahrt Bellheim/Hördt, links auf L 509, auf K 8 Richtung Hördt, nach circa 2 Kilometern im Kreisverkehr 2. Ausfahrt, auf Bellheimer Straße, links auf Wörthstraße Richtung Sondernheim, nach circa 1,2 Kilometern rechts auf Wirtschaftsweg, nach circa 600 Metern hinter einer Rechtskurve parken, zu Fuß weiter ins Naturschutzgebiet | **Tipp** Die Hördter Rheinaue kann auf einem 14 Kilometer langen Weg, der den historischen Treidelpfaden folgt, umrundet werden. Er beginnt und endet am Schützenhaus in Hördt (Rheinstraße) und ist mit einem weißen Rechteck markiert.

43 Die Klosterstadt

Vom heiligen Pirminius zur fröhlichen Pilgerei

Pilgern ist angesagt. Viele Menschen wollen der allgegenwärtigen Reizüberflutung entfliehen und zurück zum einfachen Leben. Ein normaler Wanderurlaub reicht da nicht. Aber es muss ja nicht gleich der ganze Jakobsweg sein – die nördliche und die südliche Route des Pfälzer Jakobswegs haben ihr westliches Ende im Kloster Hornbach.

Gegründet wurde es im Jahr 742 vom heiligen Pirminius. Der weit gereiste Wandermönch gründete zwischen der Pfalz, dem Elsass und dem Bodensee ein Kloster nach dem anderen. In einer Zeit, da der südwestdeutsche Raum noch weitgehend heidnisch geprägt war, verkündete Pirminius im Auftrag der Karolinger den christlichen Glauben. So avancierte er zum Schutzheiligen der Pfalz, des Elsass, der Insel Reichenau und der Stadt Innsbruck – und ist Namensgeber der Stadt Pirmasens. Hornbach war seine letzte Klostergründung, hier starb er im Jahr 753.

1557, während der Reformationszeit, wurde das Kloster aufgelöst. Auch wenn die Bauten zunächst noch für die Ausbildung von Pfarrern und Beamten genutzt wurden, verfielen sie in den Jahrhunderten danach. Seit Abschluss der Restaurierung im Jahr 2000 wird das Kloster als Hotel genutzt, wobei dessen Räumlichkeiten behutsam in die historische Architektur integriert wurden. Das Klostermuseum »Historama Kloster Hornbach« präsentiert die Gemäuer der ehemaligen Abtei als reale steinerne Überreste und – schön zum Vergleich – in virtuellen Bildern aufbereitet. Die bauliche Entwicklung wird ebenso dargestellt wie das Leben des heiligen Pirminius.

Auch das angrenzende Stift Sankt Fabian wurde restauriert. Ab 865 lagen hier die Gebeine des »Märtyrerpapstes« Fabian, der im Jahr 250 in Rom im Rahmen der Christenverfolgung hingerichtet worden war. Die Michaelskapelle gleich daneben besteht nur noch aus romanischen Außenmauern, die vor einem düsteren Herbsthimmel wahrlich dunkle Mittelalteratmosphäre aufkommen lassen.

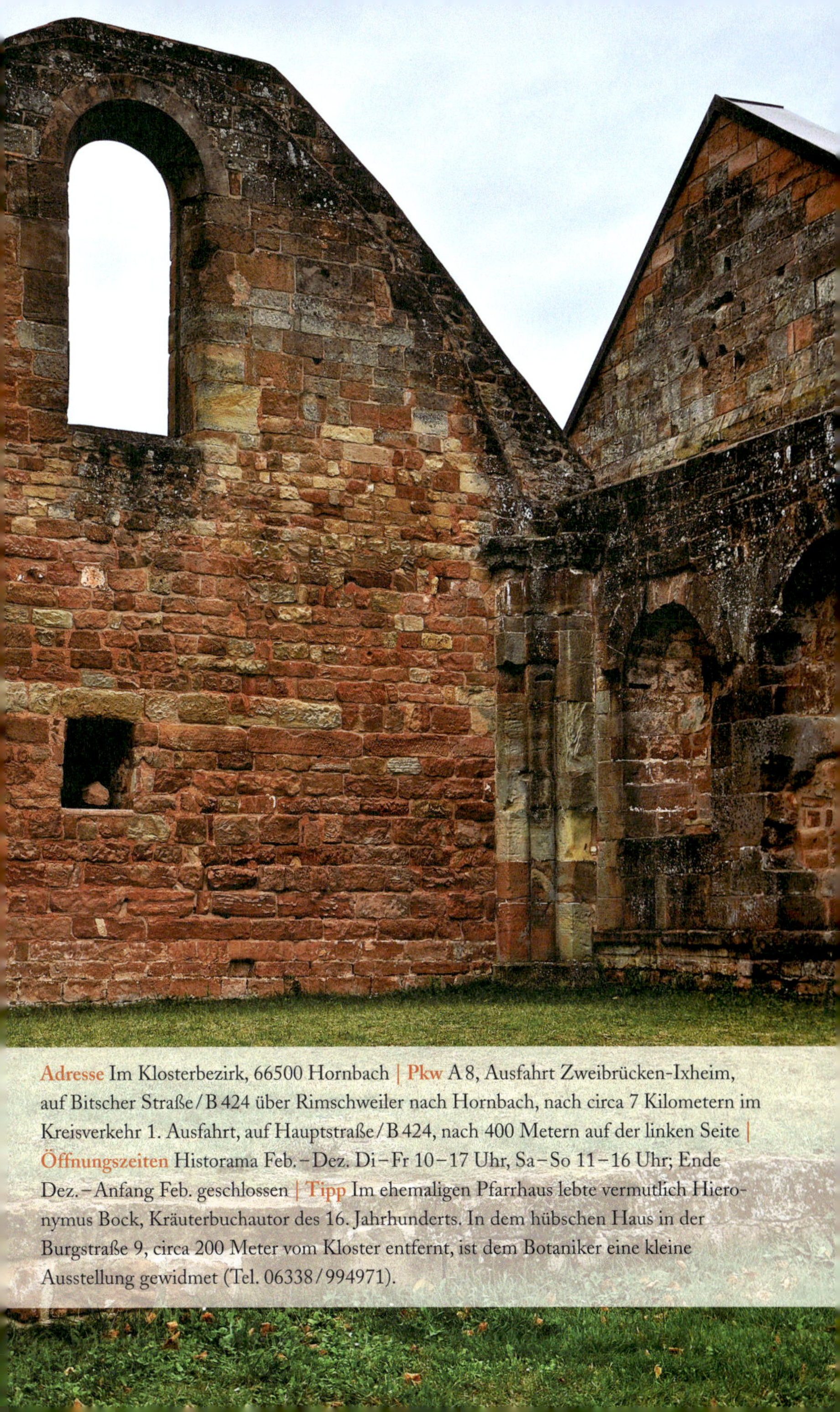

Adresse Im Klosterbezirk, 66500 Hornbach | Pkw A 8, Ausfahrt Zweibrücken-Ixheim, auf Bitscher Straße/B 424 über Rimschweiler nach Hornbach, nach circa 7 Kilometern im Kreisverkehr 1. Ausfahrt, auf Hauptstraße/B 424, nach 400 Metern auf der linken Seite | Öffnungszeiten Historama Feb.–Dez. Di–Fr 10–17 Uhr, Sa–So 11–16 Uhr; Ende Dez.–Anfang Feb. geschlossen | Tipp Im ehemaligen Pfarrhaus lebte vermutlich Hieronymus Bock, Kräuterbuchautor des 16. Jahrhunderts. In dem hübschen Haus in der Burgstraße 9, circa 200 Meter vom Kloster entfernt, ist dem Botaniker eine kleine Ausstellung gewidmet (Tel. 06338/994971).

44 Die Kleine Kalmit

Kleiner Berg, der Atmosphäre und Gemüter erhitzt

Nähert man sich von der Oberrheinebene dem Pfälzer Wald, erscheint dieser fast wie eine geschlossene Wand mit einigen Spitzen und Einkerbungen. Wie abwechslungsreich die Topografie tatsächlich ist, gewahrt man, wenn man auf die Kleine Kalmit steigt. Von dem 271 Meter hohen, noch von der Ebene umgebenen, kahlen Berg – »Calvus mons« – genießt man einen atemberaubenden Panoramablick auf die Erhebungen des nahen Mittelgebirges. Dazwischen breiten sich die ansteigenden Weinberge aus. Als sich der Rheingraben vor 30 Millionen Jahren absenkte, entstand hier eine Ablagerung von Muschelkalk. Viele seltene Pflanzen- und Tierarten finden sich im Naturschutzgebiet.

Dem exponierten Ort schreibt man seit Jahrtausenden eine Bedeutung für Wetterereignisse zu. Da sich hier Gewitter, die vom Pfälzer Wald herzogen, entluden, galt er in vorchristlicher Zeit als Sitz von Wetterdämonen und -hexen. Auch in christlicher Zeit zogen Prozessionen zum Hügel, um gutes Wetter zu erbitten. 1851 wurde auf dem Gipfel die Mater-Dolorosa-Kapelle errichtet und dem Gewitterheiligen Donatus wie dem heiligen Michael gewidmet.

Zur Kapelle zog sich eine Spur der Verwüstung nach der Halloween-Nacht 2019. Zwei Jugendliche zerstörten mit einem Radlader das Vordach und versuchten, die gesamte Kapelle aus ihren Angeln zu heben. Die Täter wurden identifiziert und zur Leistung von Sozialstunden verurteilt. Sie könnten sich ihre Tat selbst nicht erklären, gaben sie zu Protokoll. Die Frage, ob sie in den Monaten zuvor den Ort aufsuchten, um besseres Wetter baten und enttäuscht wurden, blieb offen. Leider wiederholte sich an der Kleinen Kalmit zuletzt Vandalismus, wenn auch in kleinerem Maßstab. Der kahle Berg scheint nicht nur die atmosphärische, sondern auch die Temperatur der Gemüter zu erhöhen. Für die Kapelle ist indes beschlossen, den Zustand von vor der Verwüstung mitsamt Vordach wiederherzustellen.

Adresse Arzheimer Straße, 76831 Ilbesheim | **Pkw** A 65, Ausfahrt Landau-Süd, auf B 38 Richtung Landau, nach 2,5 Kilometer rechts auf K 7 Richtung Landau, nach 1,5 Kilometern leicht links auf Zweibrücker Straße, die zur Wollmesheimer Straße wird, an Wollmesheim vorbei, nach 5,3 Kilometern rechts auf K 20, nach 1,4 Kilometern rechts | **Tipp** Ähnlich den Eschbacher Eseln (siehe Seite 58) sehen auch die Ilbesheimer ihre Charakterzüge durch ein Tier gespiegelt – die Affen. Beim Weinfest auf der Kleinen Kalmit Ende Juli gleicht die Wegführung im Gelände zwischen den Ständen einer Schaukel, in Ilbesheim eben einer »Affenschaukel«. Angesichts von Weinseligkeit passt die Vorstellung, man schwinge sich von Stand zu Stand, sicher doppelt gut. Die »Affenschaukel« ist auch jenseits des Weinfests ein schöner Weg.

45 Der Betzenberg

Schwer einnehmbar für Bayern & Co.

Zur Halbzeit 1:3 – oje, das wird wohl heute nichts. Die Bayern sind einfach zu stark. 57. Minute: 1:4 – ach du lieber Gott, das wird ein Debakel! 90. Minute: 7:4 – die Pfalz steht Kopf! Solche Geschichten schreibt nur der Betzenberg. Diese schrieb er am 20. Oktober 1973. Den »Königlichen« von Real Madrid verabreichte der 1. FC Kaiserslautern am 17. März 1982 im Viertelfinal-Rückspiel des UEFA-Pokals mit 5:0 eine herbe Klatsche. Schließlich wurden die »Roten Teufel« 1998 als Aufsteiger in die Bundesliga Deutscher Meister, keinem anderen Verein gelang das zuvor – und wird es je wieder gelingen (diese Vorhersage ist allerdings ohne Gewähr).

Obgleich der 1. FC Kaiserslautern in den 1970er und 1980er Jahren meist kein Spitzenclub war, datieren aus dieser Zeit beeindruckende Heimsiege, und dem Betzenberg haftete der Ruf des Uneinnehmbaren an. Im Gegensatz zu anderen Fußballhöhen der Republik handelt es sich beim Betzenberg tatsächlich um eine Erhebung, steil geht es 50 Höhenmeter vom Bahnhof oder von den Parkplätzen aus hinauf. Möglicherweise waren ja gegnerische Teams bei ihrer Ankunft bereits durch die festungsartige Lage des Stadions eingeschüchtert.

Entscheidend dürfte jedoch gewesen sein, dass der »Betze« immer ein reines Fußballstadion war und die Zuschauer entsprechend nah am Geschehen. Als in anderen Arenen noch ein Fernglas nötig war, um von flach ansteigenden Rängen über die Aschebahn das Spielgeschehen zu beobachten, lehrte die Atmosphäre auf dem Betzenberg die Gästemannschaften das Fürchten.

Nach mehreren Umbauphasen zur modernen Arena wurden bei der Fußballweltmeisterschaft 2006 fünf Spiele in Kaiserslautern ausgetragen. Seither fasst die Arena, die seit 1985 den Namen »Fritz-Walter-Stadion« trägt, mehr Zuschauer denn je – 50.000, halb so viele wie Kaiserslautern Einwohner hat. Die Heimstärke dagegen gehört seit Jahren der Vergangenheit an.

Adresse Fritz-Walter-Straße 1, 67663 Kaiserslautern-Innenstadt | **ÖPNV** Hauptbahnhof Kaiserslautern, Bus 102, Haltestelle Hegelstraße | **Pkw** A 6, Dreieck Kaiserslautern, auf Mainzer Straße/L 395 Richtung Kaiserslautern-Zentrum, nach 600 Metern links auf Donnersbergstraße/L 504, nach 2,1 Kilometern rechts auf Entersweilerstraße/B 37, nach 1,3 Kilometern links auf Eisenbahnstraße, im Kreisverkehr 2. Ausfahrt auf Bremerstraße, parken nach circa 700 Metern, Fußweg zum Stadion | **Öffnungszeiten** Führungen nach Absprache unter stadionfuehrung@fck.de | **Tipp** Östlich des Stadions am Rand des Viertels liegt der Wildpark Kaiserslautern. Hier sind einheimische Tierarten von Nahem zu sehen, zudem dient der Park dem Schutz von vom Aussterben bedrohten Arten.

46__Elf Freunde

»... müsst ihr sein!«

Die Worte, die im Nachhinein zu einem Gründungsdogma der Bundesrepublik verklärt wurden, standen bereits auf der Viktoria-Statue, die als Vorgängerin der Meister-»Salatschüssel« 1903 dem VfB Leipzig als erstem Deutschen Fußballmeister überreicht wurde. Der Spruch blieb jedoch als eine der großen Weisheiten von Weltmeister-Trainer Sepp Herberger in Erinnerung. Bei der WM 1954 ging Herbergers Konzept von einem Kollektiv auf. Deutschland gewann den Titel mit einer Mannschaft, die als Ganzes der Star war – technisch brillantere Einzelspieler hatten die anderen, die Ungarn zum Beispiel, doch der Mannschaftsgeist der Deutschen gab den Ausschlag für den Sieg.

Zwar steckte in der Idee der »Elf Freunde« auf dem Platz – in Nationalmannschaft wie in Clubs – viel Idealismus, doch da zu Herbergers Zeiten keine Wechsel während des Spiels möglich waren, hatte ein enger Zusammenhalt innerhalb des Teams große Bedeutung. Auch Transfers brasilianischer Wunderstürmer oder bärtiger belgischer Abwehrbänke zur Winterpause gab es nicht. Die Elf, die für ihr Land oder ihren Verein auf dem Platz stand, musste es richten. Die Spieler waren meist Kinder der Region und identifizierten sich mit ihrem Verein.

So auch in Kaiserslautern. Die elf stilisierten Betonskulpturen der Künstlerin Christel Lechner, die unterhalb des Betzenbergs zwischen Unterführung und 1960er-Jahre-Wohnblock über einen Verkehrskreisel wachen, stellen die Erfolgsmannschaft des 1. FC Kaiserslautern aus den frühen 50er Jahren dar, auch wenn »50 Jahre Weltmeisterschaft« 1954 der Anlass für ihre Entstehung war. 1951 und 1953 wurde der FCK Deutscher Meister – mit dem herausragenden Spielmacher Fritz Walter, der auch Führungsfigur in der Nationalelf beim WM-Gewinn 1954 war. Sowohl beim Nationalteam wie bei den Lauterern sprach man damals von der »Fritz-Walter-Elf«. Und genauso nennt der Volksmund die Skulpturen.

Adresse Bremerstraße 1, 67663 Kaiserslautern-Innenstadt | **ÖPNV** Hauptbahnhof Kaiserslautern, aus dem Haupteingang heraus, rechts auf Bahnhofstraße circa 300 Meter, rechts auf Eisenbahnstraße durch die Unterführung zum Kreisel | **Pkw** A 6, Dreieck Kaiserslautern, auf Mainzer Straße/L 395 Richtung Kaiserslautern-Zentrum, nach 600 Metern links auf Donnersbergstraße/L 504, nach 2,1 Kilometern rechts auf Entersweilerstraße/B 37, nach 1,3 Kilometern links auf Eisenbahnstraße, die Skulptur befindet sich hinter der Unterführung | **Tipp** Gleich auf der anderen Seite der Unterführung, neben dem Hauptbahnhof, stehen auf einer Grünfläche acht Skulpturen von den Nationalmannschaften, die bei der Weltmeisterschaft 2006 in Kaiserslautern spielten. Das Ensemble »Fußball ohne Grenzen« stammt ebenso von der Künstlerin Christel Lechner.

47__Der Japanische Garten

Kirschblüte, Kois und Pagoden im Steinbruch

Ein fernöstliches Kleinod mit filigraner Gartenarchitektur in der bodenständigen rauen Westpfalz – absonderliche Vorstellung? Ganz und gar nicht, ist doch der Japanische Garten Kaiserslautern mit 13.600 Quadratmetern einer der größten seiner Art in Europa.

Und er erfüllt alle Erwartungen an fernöstliche Gartenbaukunst. Wasser fällt in Kaskaden über steile Stufen, Koi-Teiche werden von Felswänden umrahmt oder säumen ein über 100 Jahre altes japanisches Teehaus, das schon um 1900 Diplomaten in Tokio als Gästehaus diente und vor Entstehung der Grünanlage durch einen Privatmann importiert wurde. Zierkirschen, Kamelien und Azaleen blühen um die Wette. Steinpagoden und eine rote Bogenbrücke machen die Illusion des Fernen Ostens perfekt. Seit 2007 krönt ein traditioneller Gebirgsgarten im Tsukiyama-Stil die Anlage.

Sonderlich alt ist diese indes noch nicht. Als eine Delegation aus Kaiserslautern 1993 in der japanischen Partnerstadt Bunkyo-ku weilte, war man derart verzückt ob der Gartenbaukunst, dass man die Idee ersann, einen solchen Ort auch in der Pfalz entstehen zu lassen. Im Jahr 2000 öffnete der Garten, zusammen mit der Landesgartenschau, seine Pforten.

Die Topografie Kaiserslauterns ist bestens geeignet, einer asiatischen Gartenlandschaft den Rahmen zu bieten. In unmittelbarer Nähe des Stadtzentrums gelegen, diente das Gelände an einem steilen Hang einst als Steinbruch, bevor Ende des 19. Jahrhunderts der Villenpark »Am Abendsberg« entstand. Nach Zerstörungen im Zweiten Weltkrieg harrte das Gelände einer neuen Nutzung. In dem kleingliedrigen Auf und Ab mit Steigungen und Felswänden ließen sich leicht Assoziationen mit den bizarren Gebirgslandschaften des Fernen Ostens herstellen. Auch an Material für die typischen Steinsetzungen fehlte es nicht. Am malerischsten gibt sich der Garten im Frühjahr zur Zeit der Sakura, der japanischen Kirschblüte. Ein Besuch ist quasi Pflichtprogramm.

Adresse Am Abendsberg 1, 67657 Kaiserslautern-Innenstadt | ÖPNV Bus 105, 107, Haltestelle Mühlstraße; Bus 130, Haltestelle Maxstraße | Pkw A 6, Dreieck Kaiserslautern, auf Mainzer Straße/L 395 Richtung Kaiserslautern-Zentrum, nach circa 4 Kilometern links auf Mühlstraße, links auf Burgstraße, dort parken | Öffnungszeiten April, Okt. Di–So und Feiertage 10–18 Uhr; Mai–Sept. Di–So, Feiertage 10–19 Uhr; Nov.–März geschlossen | Tipp Im Rathaus von Kaiserslautern, südlich der Lauterstraße, sieht man in 80 Metern Höhe vom Restaurant mit Aussichtsterrasse über die ganze Stadt.

48 Die Kammgarn

Rampensäue statt Spinnräder

Es ist laut. 400 verschwitzte Leiber hüpfen ekstatisch im Takt zur Musik auf der Bühne. So wird es hoffentlich bald wieder zugehen im »Cotton Club«, dem kleineren der beiden Konzertsäle im »Kulturzentrum Kammgarn«. Laut war es hier ebenso wie im größeren Raum, dem »Kasino«, auch vor Jahrzehnten, nur die Tageszeit des Lärms hat sich verschoben. Denn dort, wo bereits wichtige Künstler wie B. B. King und Tocotronic einen Pfalz-Stopp einlegten, und wo es auch im Jahr 2020 Wohnzimmerkonzerte gibt und hoffentlich bald wieder größere Konzerte und Comedy stattfinden, ratterten einst die Ringspinnmaschinen in einer der modernsten Spinnereien Deutschlands.

1857 von Franz Flamin Meuth und Jean Schoen gegründet, entwickelte sich der Betrieb in der Kammgarnspinnerei schnell, sodass Gebäude und Produktionsanlagen stets erweitert werden mussten. Nach Zerstörungen im Zweiten Weltkrieg folgte ein rascher Wiederaufbau, doch in den 1970ern ging es bergab mit der Textilindustrie – der Betrieb wurde 1983 eingestellt, die Produktionsanlagen nach China exportiert.

In das ehemalige »Neue Kesselhaus«, einen 30er-Jahre-Klinkerbau, ist das »Kasino« eingezogen, der »Cotton Club« in den Keller der vormaligen Werkstatt, die neoklassizistisch daherkommt. Das stilistisch abwechslungsreiche Gebäudeensemble aus verschiedenen Epochen versprüht Vintage-Charme und Industrie-Romantik – die beste Bühne für krachenden Rock 'n' Roll, Blues oder Kabarett. Im »Alten Kesselhaus« von 1860 stand die erste Dampfmaschine Kaiserslauterns. Neben Musik sind in der Kammgarn auch Licht- und Klanginstallationen geboten. Andere Teile des Geländes, die nicht zum Kulturzentrum gehören und in Richtung Innenstadt liegen, nutzt die Fachhochschule Kaiserslautern. Das gesamte Areal ist somit ein gelungenes Beispiel für Konversion und Strukturwandel.

Adresse Schoenstraße 10, 67659 Kaiserslautern-Innenstadt, www.kammgarn.de | **ÖPNV** Bus 105, 107, Haltestelle Kammgarn | **Pkw** A 6, Dreieck Kaiserslautern, auf Mainzer Straße/L 395 Richtung Kaiserslautern-Zentrum, nach circa 4 Kilometern links | **Öffnungszeiten** zu den Veranstaltungen, Infos auf der Webseite | **Tipp** Zwischen den Gebäuden des Kulturzentrums (vom Eingang an der Schoenstraße aus gesehen rechts) und den zur Fachhochschule gehörenden Bauten lädt der nach einem der Gründer der Kammgarnspinnerei, Jean Schoen, benannte Park mit seinen Skulpturen zum Verweilen ein.

49__Die Pfalzgalerie

Hochzeitskelch und ein scheues Mädchen

Die Figur in goldenem Gewand hält über dem Kopf einen Becher mit verschnörkelten Griffen. Aus dem Gefäß mussten einst frisch vermählte Paare trinken, ohne etwas zu verschütten – gelang ihnen das nicht, galt es, unangenehme Strafaufgaben zu erledigen. Der »Jungfrauenbecher« des Goldschmiedemeisters Hans Kellner ist eine Rarität aus dem 16. Jahrhundert. Er gehört zur Abteilung Kunsthandwerk in der Pfalzgalerie. Hier findet sich neben faszinierenden antiken Objekten, teilweise aus dem fernen China, ein hölzerner »Trauernder Engel« des Bildhauers Niclas Gerhaert van Leyden, der im 15. Jahrhundert mit seinem räumlichen und realistischen Verständnis von Skulptur stilprägend war.

Die kunsthandwerkliche Sammlung ist die älteste im Museum Pfalzgalerie, sie ging aus dem ursprünglichen Gewerbemuseum von 1874 hervor. Mit der Schenkung einer Gemäldesammlung des aus Landstuhl stammenden Münchner Hofrats Joseph Benzino 1903 erweiterte sich der Fundus um bedeutende Werke der Malerei. Der Schwerpunkt der Sammlung liegt auf dem 19. Jahrhundert, aber auch Impressionismus, Expressionismus und die Kunst nach 1945 sind reichlich vertreten. Der von Ernst Ludwig Kirchner beeinflusste deutsch-schweizerische Maler Hermann Scherer war auch als Bildhauer bedeutend, obgleich er nur wenige Skulpturen schuf. Vor einer abstrakten Landschaft von Christian Rohlfs sticht sein Werk »Das kleine Mädchen« von 1924/25 hervor. Mit seiner eindringlichen Darstellung zwischenmenschlicher Beziehungen – den Figuren stehen Existenzfragen und die Sehnsucht nach menschlicher Nähe ins Gesicht geschrieben – wirkt das Werk wie ein Inbegriff des Expressionismus.

Die ständigen Sammlungen in der Pfalzgalerie werden stets durch temporäre Ausstellungen ergänzt; so bindet man auch immer wieder das Schaffen zeitgenössischer Künstler in die Präsentation der Exponate ein und sorgt für ganz neue Blickwinkel.

Adresse Museumsplatz 1, 67657 Kaiserslautern-Innenstadt | ÖPNV Bus 102, Haltestelle Benzinoring | Pkw A 6, Dreieck Kaiserslautern, auf Mainzer Straße / L 395 Richtung Kaiserslautern-Zentrum, nach circa 3,5 Kilometern rechts auf Benzinoring, nach circa 100 Metern rechts, um auf Benzinoring zu bleiben, nach circa 100 Metern links auf Museumsplatz | Öffnungszeiten Di 11 – 20 Uhr, Mi – So 10 – 17 Uhr; 1.1., 24.12., 25.12., 31.12. und Karfreitag geschlossen | Tipp Unter dem Motto »Art after Work« werden an manchen Werktagen um 19 Uhr Führungen zu Werken mit anschließender Besprechung angeboten. Die Bereitschaft, mitzudiskutieren, wird von einem Glas Sekt unterstützt (aktuelle Infos unter www.mpk.de/erwachsene.html).

50_Die Mozartorgel

Zu geringes Salär für die Mühen

An diesem Instrument saß er also, das Genie – ein undankbares Genie! Wolfgang Amadeus Mozart war bereits ein gefeierter Star, doch erfolglos auf Stellensuche. Er hatte seiner Heimat Salzburg den Rücken gekehrt und versuchte, beim Mannheimer Kurfürsten Aufträge zu ergattern. Während seines Aufenthalts im Winter 1777/78 lud ihn Prinzessin Caroline von Oranien, Ehefrau des Fürsten von Nassau-Weilburg, nach Kirchheimbolanden ein. Die Dame, schon früh großer Mozartfan, hatte dem neunjährigen Wunderkind Jahre zuvor durch ihren Leibarzt das Leben retten lassen, als er auf Tournee unter Bauchtyphus gelitten und in Lebensgefahr geschwebt hatte. Daraufhin widmete Mozart ihr zwei Violinsonaten.

Beim Wiedersehen im Januar 1778 erwies er sich allerdings nicht als dankbarer Gast. Eine Einladung der Fürstin zum Souper schlug er aus und verbrachte den Abend lieber mit der Sängerin Aloysia Weber, in die er sich verliebt hatte und die er samt Vater eigenmächtig nach Kirchheimbolanden mitbrachte. Mozart saß während seines Aufenthaltes in dem Ort nach eigener Aussage zwölfmal am Klavier und spielte der Fürstin vier Sinfonien vor – für diese Mühen, so klagte er in einem Brief an den Vater, sei sein Salär bedeutend zu niedrig ausgefallen. Einmal während seines einwöchigen Aufenthalts bespielte er die Orgel in der evangelischen Hof- und Stadtkirche Sankt Paul, wohl an einem Sonntag, denn nur dann wurde die Orgelloge geheizt.

Das Instrument, 1745 vom Orgelbauer Stumm – welch unpassender Name für den Erbauer klanggewaltiger Instrumente – vollendet, ist, was seine klingenden Elemente betrifft, weitgehend original erhalten. Fast 200 Jahre lang bespielten die Organisten dieselben Tasten, die von Mozarts Händen bewegt wurden. Nach einer umfangreichen Restaurierung der Orgel hat der von Mozart benutzte Spieltisch seine Funktion eingebüßt und wartet in einer eigenen Kammer auf Besucher.

BERND IMGRUND
111 WHISKYS DIE MAN GETRUNKEN HABEN MUSS
JENS DREISBACH
111 GINS DIE MAN GETRUNKEN HABEN MUSS
JULIA TZSCHÄTZSCH
111 ORTE FÜR KINDER IN FRANKFURT DIE MAN GESEHEN HABEN MUSS
MARIA TERESA CARBONE
111 HUNDE DIE MAN KENNEN MUSS
emons:
Entdecken fängt zu Hause an
CHRISTINA BACHER
111 ORTE FÜR KINDER IN KÖLN DIE MAN GESEHEN HABEN MUSS
MONIKA MANSOUR
111 PFERDE DIE MAN KENNEN MUSS
THEO B. PAGEL | BRIAN BATSTONE
111 DINGE ÜBER ELEFANTEN DIE MAN WISSEN MUSS
FRANZISKA LÖ
111 ORTE FÜR KINDER IN UND UM STUTTGART DIE MAN GESEHEN HABEN MUSS
HOLGER UND ROLAND GRUNT SUÁREZ
111 INSEKTEN DIE TÄGLICH UNSERE WELT RETTEN
ISA GRÜTERING | NATASCHA KOROL
111 ORTE FÜR KINDER IN BERLIN DIE MAN GESEHEN HABEN MUSS

Adresse Amtsstraße, 67292 Kirchheimbolanden | **Pkw** A 63, Ausfahrt Kirchheimbolanden, auf L 386 Richtung Kirchheimbolanden, im Kreisverkehr 2. Ausfahrt nehmen, auf Bischheimer Straße / L 386 700 Meter bis zum Schlossplatz, dort parken, vor dem Schloss stehend, liegt die Paulskirche links | **Öffnungszeiten** Pfingsten – Ende Okt. So 14 – 17 Uhr, im ganzen Jahr: Mo – Do 8 – 14 Uhr, Schlüssel im protestantischen Dekanat (Amtsstraße 7) erhältlich (Tel. 06352 / 7067020) | **Tipp** Ein romantisches Kuriosum ist das Hochzeitszimmer mit Himmelbett in der historischen Stadtmauer. Unromantisch: Nutzen darf man es aufgrund mangelnder Fluchtwege nicht, aber im Rahmen einer Stadtführung besichtigen (Tel. 06352/7504776).

51 Das Reichskloster

Dagoberts Erbe

Überdurchschnittlich oft lacht die Sonne auf Klingenmünster herunter. Feigen, Kiwis, Mandeln, Esskastanien und Weine sind hier von besonderer Qualität, und der Heimatdichter August Becker urteilte über seinen Geburtsort: »Die freundlichste Idylle, die anmutendste Romantik ist hier vereint geboten.«

Vielleicht war dies der Grund, warum Frankenkönig Dagobert I. hier 626 ein Kloster gründen ließ, das eines der ältesten in Deutschland und zudem die Keimstätte des Ortes Klingenmünster ist. Zunächst lebten die Mönche nach den Regeln des Columban, im 8. Jahrhundert wurde zu den Regeln des heiligen Benedikt gewechselt, die dieser aufgrund der Ausschweifungen in Klöstern für ein maßvolles Leben aufgestellt hatte.

Bis ins 13. Jahrhundert folgte nun eine Blütezeit des Klosters, das neben anderen Konventen des Landes zu einem der geistigen und kulturellen Zentren im Reich avancierte und zahlreiche Äbte, Bischöfe, Erzbischöfe und Berater des Königs stellte. Sein hohes Ansehen zog Handwerker, Bauern und Händler an, und zu seinem Schutz wurden über die Jahrhunderte die drei Burgen Heidenschuh, Waldschlössel und Landeck gebaut. Das Land wurde von den Mönchen gerodet und besiedelt mit Fronhöfen, Kirchen und Kapellen.

Im 15. Jahrhundert verlor Klingenmünster an Einfluss. Um seine nachgeborenen Söhne zu versorgen, schickte der ansässige Adel sie ins Kloster. Da man sich aber gernhatte, besuchte man die Kinder, die Ordenszucht verfiel zusehends ob des regen Verkehrs. Erzbischof Dietrich schickte 1452 ein erstes Mahnschreiben, aber die Äbte wurden der Lage nicht Herr. 1491 schließlich ließ Papst Innozenz VIII. das Kloster in ein weltliches Chorherrenstift umwandeln, es folgten schwierige Zeiten mit Krieg, Plünderung, Reformation, Säkularisation. Inzwischen ist Ruhe eingekehrt, die Gebäude sind saniert und Klingenmünster »einer der Glanzpunkte der Pfalz«, wie Becker schreibt.

Adresse Im Stift, 76889 Klingenmünster | Pkw A 65, Ausfahrt Landau-Süd, Richtung Wissembourg / Bad Bergzabern, 8,3 Kilometer auf B 38 fahren, dann 2,3 Kilometer auf L 493, links auf Waldstraße / L 493, 2,8 Kilometer folgen bis Im Stift | Öffnungszeiten Klostergarten April – Okt. Mo – So 8 – 18 Uhr, Klosterführungen April – Okt. jeden 1. Freitag um 16 Uhr ohne Anmeldung am Kirchenportal, weitere Termine auf Anfrage im Pfarrbüro unter Tel. 06349/5944 | Tipp In der Steinstraße 2 steht August Beckers Geburtshaus, in Sichtweite seines Denkmals.

52 Die Stolpersteine

»Tot ist, wer vergessen ist …«

»… wir wollen die Levy-Brüder nicht vergessen und erwecken sie mit diesen Steinen zu neuem Leben.« Dies waren die Worte Martin Becks anlässlich der hiesigen Stolperstein-Verlegung 2006. Gemeinsam mit Albrecht Müller war er treibende Kraft dafür, Gunter Demnig auch in Klingenmünster Steine »wider das Vergessen« verlegen zu lassen.

In der Weinstraße 40, an ihrem letzten Wohnort vor der Deportation, wird der Brüder Gustav und Alfred Levy gedacht. Die beiden waren äußerst beliebt. Gustav, der in einer Landauer Weinhandlung arbeitete, war ein ruhiger, stilvoll gekleideter Mann. Im Gegensatz dazu wird der jüngere Alfred, der mit seinem Pferdefuhrwerk die Landbewohner mit Haushaltswaren versorgte, als agil beschrieben. 1940 kam die Deportation nach Gurs (siehe Seite 152), wo Gustav 1942 verstarb; Alfred wurde 1945 in Auschwitz ermordet.

Stolpersteine leisten eine »Gedächtniskorrektur«: Viele Deutsche behaupteten nach dem Krieg, die Juden seien einfach so verschwunden, einige freiwillig ausgewandert, aber von Konzentrationslagern habe man nichts gewusst. Heute erzählen Passanten Gunter Demnig während seiner Aktion immer wieder, dass in ihrer Nachbarschaft gar keine Juden gelebt hätten – die Stolpersteine korrigieren diese Erinnerung.

Umso mehr hat es den Künstler gefreut, dass in Klingenmünster Einigkeit herrschte und die Verlegung per einstimmigem Ratsbeschluss gesichert wurde. Auch viele junge Leute waren zur Gedenkfeier erschienen. Manche der älteren Anwesenden hatten die Levy-Brüder noch persönlich gekannt. Als Kinder hatten sie Alfred Levy oft in der Werkstatt besucht und ihn auf seinen Fahrten begleitet. Nachdem die Levy-Brüder verschwunden waren, hatten ihnen die Eltern erzählt, die beiden Herren seien ins Altersheim gekommen – die Kinder waren für die Wahrheit noch zu klein, aber verschwiegen und vergessen wurde sie in Klingenmünster trotzdem nicht.

Adresse Weinstraße 40, 76889 Klingenmünster | **Pkw** A 65, Ausfahrt Landau-Süd, Richtung Wissembourg/Bad Bergzabern, 8,3 Kilometer auf B 38 fahren, dann 2,3 Kilometer auf L 493, links auf Waldstraße/L 493, nach 2,9 Kilometern links auf Weinstraße/B 48 | **Tipp** In der Pfalz gibt es etliche weitere Stolpersteine, darunter in Dahn in der Schäfergasse/Judengasse 8 für Familie Nußbaum und in der Grabenstraße 11 für Familie Simon Levy.

53 Fritz Wunderlich

Vom Herrgott in den Hals gespuckt

Man stelle sich vor, Fritz Wunderlich wäre am 16. September 1966 nicht im Haus von Freunden diese unsägliche Treppe hinuntergestürzt. Er wäre wenige Tage später nach New York geflogen, um an der Metropolitan Opera sein Debüt zu geben. Er hätte viele weitere Bühnen dieser Welt erobert, möglicherweise hätte es Musikgalas gemeinsam mit berühmten Kollegen in Kusel gegeben. Denn der Wunderlich liebte seine Heimat: Einmal bei der Fernseh-Rateshow »Was bin ich?« mit Robert Lembke zu Gast, sang er das von ihm selbst komponierte Lied »Mein Kusel in der Pfalz«. Noch vieles wäre von ihm zu hören gewesen – doch Wunderlich erlitt beim Treppensturz einen Schädelbruch und starb am Tag darauf mit nicht einmal 36 Jahren.

Zu diesem Zeitpunkt war der Wunderlich bereits ein großer Opernstar. Luciano Pavarotti bezeichnete ihn einmal als den »herausragendsten Tenor der Geschichte«. An der Bayerischen wie der Wiener Staatsoper war er festes Mitglied, bei den Salzburger Festspielen trat er regelmäßig als Gast auf. Seine Stimme blieb über zwei Oktaven ausgeglichen, sodass man vermutete, der Herrgott müsse ihm in den Hals gespuckt haben.

Durch seinen Vater, Cellist und Kapellmeister, kam er in frühen Jahren zur Musik. Das außerordentliche Talent wurde zu Schulzeiten von dem Musikwissenschaftler Dr. Joseph Müller-Blattau erkannt. Durch seinen Mentor bekam Wunderlich einen Platz an der Musikhochschule Freiburg. Nach ersten Opernauftritten in Freiburg und Stuttgart 1954 und 1955 war die Karriere dann nicht mehr aufzuhalten.

Aufgewachsen war Fritz Wunderlich in ärmlichen Verhältnissen im Zentrum der Kleinstadt, dort, wo der klassizistische Bau des Stadt- und Heimatmuseums steht. In mehreren Zimmern des Museums werden Tondokumente, Bühnenutensilien, Kostüme und Fotos von Kusels großem Sohn aufbewahrt.

Adresse Marktstraße 27, 66869 Kusel | **Pkw** A 62, Ausfahrt Kusel, auf B 420 nach Kusel, nach 6 Kilometern im 1. Kreisverkehr 1. Ausfahrt, auf Glanstraße / L 360, im nächsten Kreisverkehr 1. Ausfahrt, rechts auf Bahnhofstraße / L 360, nach 350 Metern auf der linken Seite | **Öffnungszeiten** Di – So 14 – 17 Uhr | **Tipp** Am Rathaus, wenige Meter entfernt vom Museum, am Marktplatz, ist an der Außenseite ein Glockenspiel mit 18 Bronzeglocken angebracht. Jeden Tag um 12.20 Uhr erklingt das von Fritz Wunderlich komponierte Lied »Mein Kusel in der Pfalz«.

54 Die Kimmel-Bande

Der Pfälzer Al Capone und seine Revolver-Tilly

Lambrecht ist Tuchmacherstadt, viele fanden Arbeit in der Tuchindustrie. Auch Bernhard Kimmel, der berühmt-berüchtigte Sohn der Stadt, der Anfang der 1950er in der Fabrik der Gebrüder Haas eine Ausbildung zum Weber absolvierte – und abends mit seiner Bande den Pfälzer Wald und manchen Tresor unsicher machte. Mit 20 trifft er die 14-jährige Tilly. Sie arbeitet in der Spulerei der Fabrik, und als sie mit einem Kästchen Garnspulen an Kimmel vorbeikommt, ist es um ihn geschehen. Sie schließt sich der Bande an, die Presse nennt sie später »Al Capone von der Pfalz« und »Revolver-Tilly«, ihre Geschichte wird verfilmt.

Als Junge hat ihm der Großvater alles über die Räuberlegende Schinderhannes erzählt, und auch Kimmel streift viel durch den Pfälzer Wald. Der ist nach dem Krieg voller vergrabener Waffen, die Kimmel-Bande kann sich bedienen. Mit dem Raub des AOK-Tresors am 24. Oktober 1957 geht es los, bis zum 7. Januar 1961 hat die Bande 187 erfasste Straftaten verübt, bei der letzten kam der Hüttenwart Karl Wertz ums Leben. Nach einer Großfahndung werden Kimmel und Tilly gefasst, bei einem Vor-Ort-Termin im Wald gelingt ihnen die Flucht à la Schinderhannes. Die viertägige Treibjagd gleicht einem Katz-und-Maus-Spiel, bei dem Kimmel die Polizei mehrmals überlistet; nicht deren Können, sondern seine Leibspeise Grießpudding mit Kirschen und das gute Zureden einer Bekannten bewegen ihn aufzugeben.

Er wird zu einer langjährigen Haftstrafe verurteilt; nach der Entlassung schlägt die Bande Ende 1981 wieder zu, erneut gibt es einen Toten: den Sparkassenangestellten Hubert Rupprecht. Dieses Mal bekommt Kimmel lebenslänglich. Im Knast findet er zur Kunst und bereut. 2003 wird er wegen guter Führung entlassen, Martin Walser bestätigt schon in den 1970ern während gemeinsamer Arbeiten dessen Läuterung. Kimmels Kommentar zu seiner wiedererlangten Freiheit: »Ich kann in einen Wald hineinlaufen.«

Adresse zum Beispiel Tuchfabrik Gebrüder Haas, Klostergartenstraße 11, 67466 Lambrecht | **ÖPNV** RB, RE, S-Bahn 1, 2, 3, 4, Bus 2, Haltestelle Lambrecht (Pfalz) | **Pkw** A 65, Ausfahrt Neustadt/Weinstr.-Nord, auf B 38 Richtung Neustadt/Weinstr.-Zentrum/Lambrecht, 6 Kilometer folgen, dann 6,1 Kilometer auf Talstraße/B 39, in Lambrecht links auf Rudolf-Breitscheid-Straße, rechts auf Klostergartenstraße | **Tipp** Bei dem circa dreistündigen Rundwanderweg Kaltenbrunner Hütte – Hellerhütte – Totenkopfhütte (Startpunkt am besten in Neustadt) können Sie hinter der Hellerhütte den Ritterstein für Karl Wertz sehen (www.pfalz-info.com/rundwanderweg-kaltenbrunner-huette-hellerhuette-totenkopfhuette).

55_Die Dicken Kinder

Mama, s' Musiker sin gar net fett

Wer erinnert sich? 1996: Harald Schmidt ließ in seiner Late-Night-Show Edelsteine des Zynismus funkeln und brauchte dafür Opfer. Gern nahm er unterprivilegierte Personengruppen, die medial in Erscheinung traten. Einer der ersten großen Running Gags waren »Die dicken Kinder von Landau«. 199 Folgen lang wurde je ein Spruch in persifliertem Pfälzisch gekloppt, der mangelnde Intelligenz und Unterschichtvöllerei offenbarte. Anlass war eine TV-Sendung über eine Karnevalsveranstaltung für übergewichtige Kinder aus Landau. Beim Rest Deutschlands blieb hängen, dass die Bewohner der Stadt Landau (in der Pfalz!) der Verfettung und Verwahrlosung anheimfielen. Die Landauer freilich waren nicht begeistert.

Wer damals als Herkunft Landau angab, musste einigen Spott über sich ergehen lassen – so auch ein paar Musiker, die überall zu hören bekamen: »Dann seid ihr ja die dicken Kinder von Landau!« Nach Jahren zweifelhaften Ruhms beschlossen sie, aus der Pein eine Tugend zu machen und das heimische Kulturprogramm zu bereichern. Das ging nämlich zusehends »die Bach nunner«, wie Schmidts adipöse Pseudopfälzer es ausgedrückt hätten. Die Mission des Musikerkollektivs, das sich fortan »Die Dicken Kinder« nannte: Konzerte als Happenings, regelmäßige Veranstaltungen, dem Nachwuchs eine Chance geben und ab und zu einen Star in die Kleinstadt holen.

Bei der »Dicke Kinder Session« trat die Band zwischen 2005 und 2013 einmal monatlich in wechselnden Formationen im Universum-Kino auf. Inzwischen stehen die Musiker hier in unregelmäßigen Abständen auf der Bühne und füllen ansonsten Säle im Rest Europas mit Leben. Dabei wird eine etwa zehnköpfige Stammbesetzung von Gastmusikern aus der jeweiligen Region ergänzt. Auf bestimmte Musikstile sind »Die Dicken Kinder« entsprechend nicht festgelegt. Um dabei zu sein, muss man nicht reich an Pfunden sein, ein dickes Herz ist viel wichtiger.

Adresse Universum Kinocenter, Königstraße 48–50, 76829 Landau in der Pfalz, www.dickekinder.com | **ÖPNV** Bus 500, 501, 530, 531, 535, 590, Haltestelle Finanzamt | **Pkw** A 65, Ausfahrt Landau-Zentrum, Richtung Offenbach/Queich, links auf L 509, nach circa 2,5 Kilometern rechts auf Friedrich-Ebert-Straße, weiter auf Königstraße | **Öffnungszeiten** Infos zu Veranstaltungen unter Tel. 0171/1972106 oder www.dickekinder.com | **Tipp** Rund um den Rathausplatz reihen sich klassizistische Gebäude von großer Pracht. Der Platz hat trotz seiner Größe und strengen Architektur einen heimeligen Charakter.

56__Der Galeerenturm

Von Sträflingen und Mynheers

Allerlei Kurioses enthüllt der Galeerenturm, der unscheinbar am Rand der Fußgängerzone steht. Aber weil der Stadtkern voller Festungsbauten ist – ein Relikt aus Landaus Zeit als Festungsstadt von 1688 bis 1871 –, wird der Turm kaum beachtet. Allein – er ist gar kein Originalfestungsbau, sondern Landaus ältestes Gebäude.

Er war wohl der Bergfried der 1308 abgetragenen Reichsburg, bis 1688 dann der nordwestliche Eckturm des mittelalterlichen Mauerrings. 1732 wurde er zum Militärgefängnis ausgebaut; der Volksmund verpasste ihm seinen Namen »Galeerenturm« – ungewöhnlich, denn Meer und Galeeren lagen auch damals in weiter Ferne. Doch alles ist relativ, denn einmal drin im Turm, war das Meer zum Greifen nah: Sträflinge wurden auf die Galeeren geschickt.

1873 – die Festung war geschleift – kaufte die Stadt ihn. Kurios geht es weiter, inzwischen bevölkert eine Gemeinschaft aus »Mynheers«, wie sich die Mitglieder nennen, im bunten »Wämslyn« den Turm. Jeden zweiten Samstagabend halten sie ihre Wachten in ihrem »Lokälyn«, das der »Kemenatenvogt« beaufsichtigt. Für Essen sorgt der »Obermagenschmeichler«, für Getränke der »Kellermaister«. Diskutiert wird in einer Sprache, die Grimmelshausens Satireroman »Der abenteuerliche Simplicissimus Teutsch« von 1668/69 entlehnt ist – Politik und Religion sind tabu!

Was nach einem von Walter Moers erfundenen Völklein klingt, ist die Landauer Sozietät der Niederländter, eine 1870 von Ludwig von Nagel gegründete Gesellschaft (die Idee kam ihm im »Reutterhäuschen«, einem Plumpsklo). Inspiriert war er von Grimmelshausens Idee der »Insel der Glückseligen« und den spätmittelalterlichen niederländischen Maler- und Poetengilden. Unter dem Motto »Froh Gemüt – geschickte Hand« treffen sich die Mynheers nun zum Plaudern, Musizieren, Dichten, Singen, Malen und kreativen Basteln und pflegen »Gesellschaft ohne Titel und Würden«, dafür aber mit einem gewissen Augenzwinkern.

Adresse Waffenstraße 1, Ecke Burghofgasse, 76829 Landau in der Pfalz, www.niederlandt.de | **ÖPNV** DB, Haltestelle Landau (Pfalz) West, circa 8 Minuten Fußweg | **Pkw** A 65, Ausfahrt Landau-Nord, auf B 10, Richtung Pirmasens / Annweiler, Ausfahrt Richtung Edesheim / Landau / LD-Nußdorf / LD-Dammheim, rechts auf L 512, links auf Neustadter Straße, rechts auf Kramstraße, weiter auf Pestalozzistraße, links auf Waffenstraße bis Ecke Burghofgasse | **Tipp** In der Hindenburgstraße 12 können Sie in eine ganz andere Welt abtauchen: Hier gibt es den Zoo Landau in der Pfalz zu besichtigen.

57_Das Geothermiekraftwerk

Energie aus dem Bauch von Mutter Erde

Atomkraft verschreckt mit Katastrophen, Kohle setzt dem Klima zu, Gas kommt aus Russland und atmet den Odem des Unsicheren. Auch Wind- und Solarenergie haben ihre Tücken – hohe Preise zum Beispiel. Ein Teil der Lösung könnte Energie aus dem molligen Erdinneren sein. Welch Glück, dass man es im Oberrheingraben mit einer dünnen Erdkruste zu tun hat, entstanden vor etwa 35 Millionen Jahren durch Dehnung im Grabenbereich zwischen den Mittelgebirgen – im Westen Pfälzer Wald und Vogesen, im Osten Schwarzwald und Odenwald. Die Erdoberfläche senkte sich, und die Grenze zwischen Erdkruste und Erdmantel wölbte sich empor. Passives Rifting wird das auch genannt. Bei dünner Kruste steigt die Temperatur knapp unter der Erdoberfläche schnell an – optimale Bedingungen für die Gewinnung von Energie aus Erdwärme.

Für das Geothermiekraftwerk in Landau werden Heißwasservorkommen aus Gesteinsschichten in einer Tiefe von etwa 3.000 Metern genutzt. Zunächst wird ein Teil der thermischen Energie in Strom umgewandelt, die Restwärme wird dann für die Versorgung mit Fernwärme genutzt. Im Gegensatz zu anderen erneuerbaren Energiequellen steht der erzeugte Strom rund um die Uhr zur Verfügung.

Das Gebäude am Rand der Stadt wirkt unspektakulär und erweckt nicht den Eindruck , als könne von hier eine Gefahr ausgehen. Leider gab es jedoch schon bald nach Inbetriebnahme Probleme. Weil das in den Untergrund zurückgepumpte Wasser staute, kam es wiederholt zu Bodenhebungen. Das Kraftwerk wurde daraufhin im Frühjahr 2014 zunächst abgeschaltet, die Akzeptanz der Technologie bewegte sich zwischenzeitlich auf einem Tiefpunkt. Inzwischen wurde die Bohrung mehrfach abgesichert, die Hohlräume werden überwacht und das Wasser mit vermindertem Druck zurück in die Tiefe gepumpt. Nachdem in den letzten Jahren mehrfach ein Probebetrieb lief, wurde im Sommer 2020 die Genehmigung für den Regelbetrieb erteilt.

Adresse Eutzinger Straße 42, 76829 Landau in der Pfalz, www.geox-gmbh.de | **ÖPNV** Bus 537, Haltestelle Eutzinger Straße | **Pkw** A 65, Ausfahrt Landau-Süd, auf B 38 Richtung Landau, nach circa 2,5 Kilometern rechts auf Weißenburger Straße / K 7, nach circa 800 Metern rechts auf Eutzinger Straße | **Öffnungszeiten** Besichtigung auf Anfrage | **Tipp** Auf der Weißenburger Straße stadteinwärts trifft man, gleich hinter dem Südring, auf den Obertorplatz. Neben dem Französischen Tor gruppieren sich um diesen Platz viele klassizistische und Gründerzeitbauten aus dem 18. bis zum frühen 20. Jahrhundert.

58 Die Jugendstil-Festhalle

Multifunktion in schön

Städtische Mehrzweckhallen versprühen oft einen angestaubten Charme. Braun geflieste Böden, braunes Interieur und Hydrokultur mit Philodendron und Co. lassen das 80er-Jahre-Stillleben vorm inneren Auge erblühen. Glücklich die Stadt, die schöne Veranstaltungsräume hat – wie die ehemalige Festungsstadt Landau, die mit ihrer Festhalle über einen der bedeutendsten Jugendstilbauten Süddeutschlands verfügt. Und das ergab sich so:

Nachdem die Festung 1871 geschleift worden war (Elsass-Lothringen war nun die deutsche Westgrenze), drehte sich statt um Waffen und Kanonen alles um Wein und Kultur. Zudem gab es Platz en masse – so auf dem Gelände des ehemaligen Überschwemmungskessels der Queich. Wo einst anstürmende Truppen mit Wassermassen aufgehalten werden konnten, wünschte man sich nun das Gegenteil: den Ansturm der unterhaltungswilligen Massen. Jedoch – das liebe Geld tat not. Welch Glück, dass »die Stiftung einer Landauer Persönlichkeit, deren Namen unter keinen Umständen genannt werden soll«, 1904 der Stadt 600.000 Mark überwies. Verwendungszweck: der »Freude ein Haus und der Kunst ein Tor« bieten.

Von 1905 bis 1907 wurde dieses Haus nach den Plänen des Architekten Hermann Goerke aus Eisenbeton und Stahl mit Sandsteinverkleidung errichtet, für den Figurenschmuck sorgte Adolf Bernd, die Ausmalung übernahmen die Dekorationsmaler Croissant – und die Stadt lieferte zusätzliche 200.000 Mark. Und wer weiß – vielleicht stammten die Dachziegel von den südpfälzischen Falzziegelwerken Carl Ludowici. Denn wie sich erst 1925 herausstellte, war August Ludowici der anonyme Wohltäter. Sein Bruder Wilhelm, der Erfinder des Falzziegels Z1, hatte 1896 seine Geschwister ausbezahlt und die Leitung der Ziegelei übernommen, die für ihre Sozialleistungen bekannt war. Als echter Ludowici hatte August einen Teil seiner Auszahlung für die Jugendstil-Festhalle gespendet.

Adresse Mahlastraße 3, 76829 Landau in der Pfalz | ÖPNV DB, Haltestelle Landau (Pfalz) Hauptbahnhof, circa 8 Minuten Fußweg | Pkw A 65, Ausfahrt Landau-Zentrum, Richtung Offenbach / Queich fahren, links auf L 509, nach 2,2 Kilometern rechts auf Mahlastraße | Tipp Auch der Geilweilerhof in Siebeldingen geht auf eine Schenkung August Ludowicis zurück. Diesmal ging es ihm jedoch um die Forschung: Das Institut für Rebenzüchtung ist hier wunschgemäß untergebracht.

59__Thomas Nast

Ein Pfälzer Weihnachtsmann

Alle Jahre wieder kommt der Weihnachtsmann. Pausbäckig und rundlich ist er, der ältere Herr im Pelzmantel mit weißem Haar und Rauschebart, der mit seinem gütigen Lächeln allerhand Schönes an brave Kinder verteilt. Ein Landauer ist es, der für dieses Bild im wahrsten Sinne des Wortes verantwortlich zeichnet: Thomas Nast.

1840 in der Roten Kaserne in der Marktstraße geboren, wanderte seine Mutter 1846 mit Klein Thomas in die Neue Welt nach New York aus. Bereits fünf Mal hatte er in der alten Heimat das Weihnachtsfest gefeiert, und stets hatte der pfälzische Belzenickel, der Nikolaus im Pelz, auch ihm Geschenke gebracht – von denen das Zeichentalent vielleicht das größte war. Seine Fähigkeit, schwierige Themen verständlich zu illustrieren, ließ Nast zu einem angesehenen Illustrator und (politischen) Karikaturisten werden. Inspiriert von seinen Kindheitserinnerungen, erschien 1862 seine erste Santa-Claus-Karikatur in der Weihnachtsausgabe von »Harper's Weekly«, die zudem auch Einflüsse des »Sinterklaas« zeigte, dem niederländischen Weihnachtsmann und Stadtpatron Neu-Amsterdams, wie New York einst hieß.

Weil sich Amerika gerade im Bürgerkrieg befand, brachte Nasts Santa Claus jedoch nicht den Kindern, sondern kämpfenden Soldaten Geschenke. Und weil Nast Anhänger der damals fortschrittlichen Republikaner war, die die Sklaverei abschaffen wollten, kolorierte er seinen Santa Claus im kleidsamen Republikaner-Rot. Der Rest ist echte Geschichte, die Coca-Cola-Story übrigens ein Märchen ...

In Landau dagegen ist bis auf die vielen Gebäude aus typisch rotem Sandstein nicht viel vom Weihnachtsmann-Rot zu sehen. Eine Grundschule und eine Straße sind dem berühmten Sohn gewidmet, an seinem Geburtshaus hängt eine Gedenktafel. Anders – wie sollte es auch sonst sein – erscheint die Stadt zur Adventszeit, wenn der kunsthandwerkliche Thomas Nast Nikolausmarkt stattfindet.

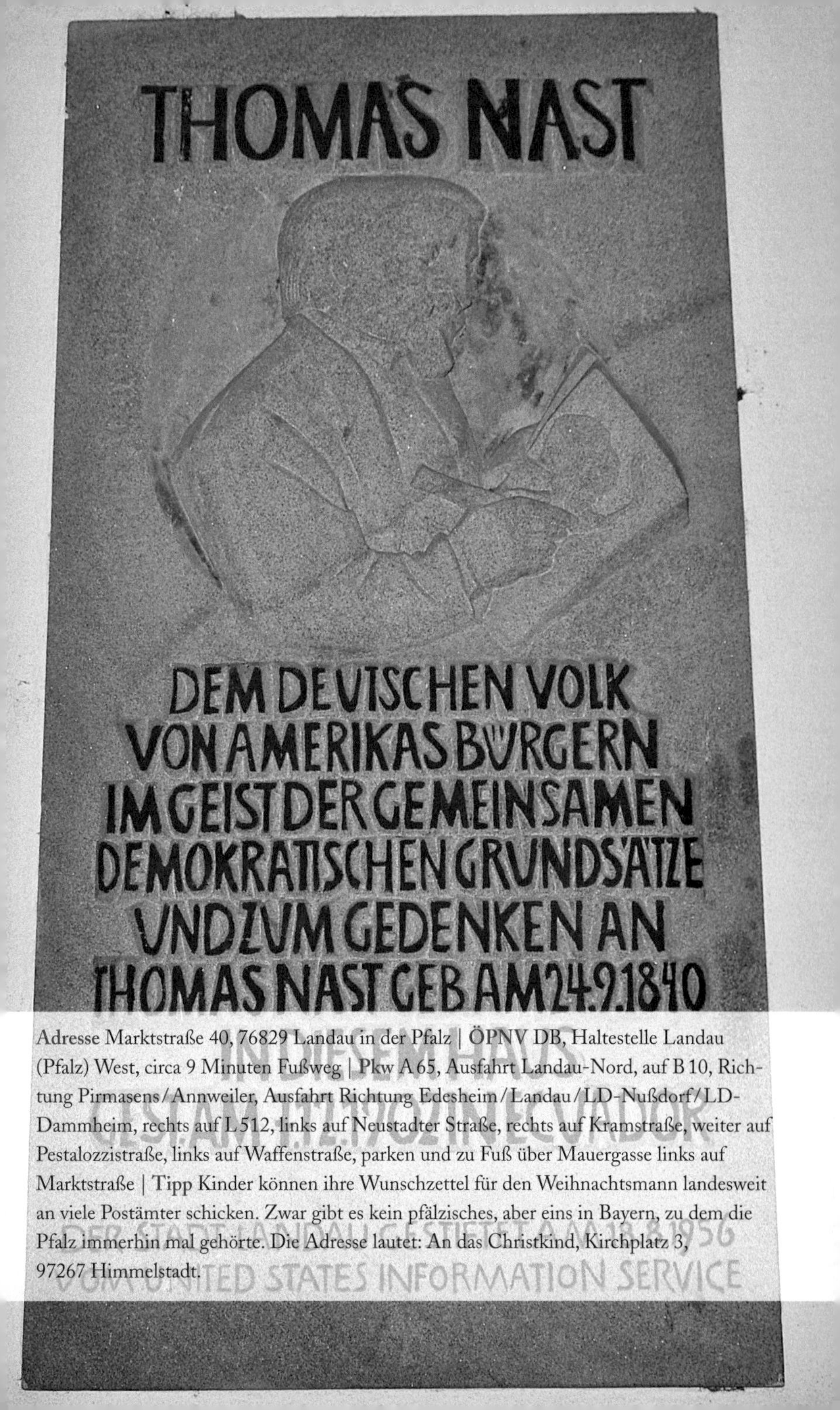

Adresse Marktstraße 40, 76829 Landau in der Pfalz | ÖPNV DB, Haltestelle Landau (Pfalz) West, circa 9 Minuten Fußweg | Pkw A 65, Ausfahrt Landau-Nord, auf B 10, Richtung Pirmasens / Annweiler, Ausfahrt Richtung Edesheim / Landau / LD-Nußdorf / LD-Dammheim, rechts auf L 512, links auf Neustadter Straße, rechts auf Kramstraße, weiter auf Pestalozzistraße, links auf Waffenstraße, parken und zu Fuß über Mauergasse links auf Marktstraße | Tipp Kinder können ihre Wunschzettel für den Weihnachtsmann landesweit an viele Postämter schicken. Zwar gibt es kein pfälzisches, aber eins in Bayern, zu dem die Pfalz immerhin mal gehörte. Die Adresse lautet: An das Christkind, Kirchplatz 3, 97267 Himmelstadt.

60 Der Slevogthof

Was wird aus dem pfälzischen Arkadien?

Dass deutsche Künstler aus der Betrachtung sinnlich-südlicher Landschaften Inspiration schöpften, ist bekannt. Auch Max Slevogt reiste mehrfach nach Italien. Sein Arkadien fand der aus Bayern stammende Maler jedoch in der Vorderpfalz. Wenn man von seinem langjährigen Sommer- und späteren Alterssitz in die Rheinebene blickt, wird der Ruf der Pfalz als »Toskana Deutschlands« noch plausibler. Das verschachtelte Gebäudeensemble mit einem zinnengekrönten Turm und der verwilderte terrassenartig angelegte Garten bilden gemeinsam mit der lieblichen Umgebung den idealen Ort für einen Maler, der – gemeinsam mit Max Liebermann und Lovis Corinth – zum »Dreigestirn des deutschen Impressionismus« gezählt wird. Hier schuf Slevogt seine ersten Landschaftsmalereien und lernte seine spätere Frau Antonie Finkler kennen, deren Familie der Meierhof ursprünglich gehörte.

Als die Familie in finanzielle Schwierigkeiten geriet, ersteigerte Slevogt 1914 das Anwesen. Als einer der letzten Künstler, die unter freiem Himmel im Angesicht ihres Motivs malten, ließ er sich von der ihn umgebenden Natur inspirieren. Mehr als 150 Werke schuf er hier – Landschaftsmalereien voll Licht und starker Farben –, den Blick dabei immer wieder in die Rheinebene im Wandel der Jahreszeiten gerichtet. Im Jahr 1932 starb Max Slevogt hier.

Der Hof, der lange als Restaurant diente, ging 2011 von Slevogts Nachfahren in neue Hände über. Auch wenn er bis auf Weiteres geschlossen ist, lohnt ein Besuch angesichts der romantisch-verschachtelten Architektur und der traumhaften Lage allemal. Individuell sind Führungen möglich. Der neue Eigentümer will den Slevogthof als Dokumentationsstätte und unverwechselbaren Ort erhalten sowie den Zugang zu den Werken Slevogts gewähren. Bleibt zu hoffen, dass möglichst viel von der besonderen Aura erhalten bleibt und der Maler in seinem Grab im nahen Kastanienwäldchen sanft ruhen kann.

Adresse Slevogthof, 76829 Leinsweiler | **Pkw** A 65, Ausfahrt Landau-Nord, auf B 10 Richtung Pirmasens / Annweiler, nach 8 Kilometern links Richtung Leinsweiler, nach 270 Metern links auf Weinstraße / L 508, nach 4,6 Kilometern in Leinsweiler rechts auf Kirchstraße, weiter auf Slevogtstraße, dann rechts in Serpentinen zum Slevogthof | **Öffnungszeiten** Individuelle Führungen unter info@archimedes-landau.de | **Tipp** Einen Kilometer südlich von Leinsweiler thront über Eschbach die Ruine der Madenburg, eine der größten der Pfalz. Der Blick ins Rheintal ist überwältigend.

61 Das doppelte Lemberg

Auch ein Lexikon irrt

Man stelle sich vor: Geografieunterricht an einem Gymnasium in der Westpfalz in den 1980er Jahren. Die Kinder müssen sich Städte in ganz Europa merken – kein Spaß. Marseille, Turin und Stockholm klingen ja noch halbwegs vertraut, aber puh – die slawischen Städte mit ihren unaussprechlichen Namen nerven echt. Ein Glück, dass im Schulatlas die alten deutschen Namen dabeistehen – ein wenig verschämt in Klammern zwar, doch ungeheuer viel leichter auszusprechen. So zum Beispiel bei der Stadt »Lwow« in der Sowjetunion, die zu Deutsch »Lemberg« heißt.

Man nehme weiter an, einer der Schüler, der im hübschen, doch unspektakulären Dorf Lemberg in der Pfalz lebt, schlägt den Eintrag für »Lemberg« im Bertelsmann-Lexikon auf, das im Hause der Eltern steht. Dabei stellt er ernüchtert fest: Der eigene Wohnort wird hier nicht erwähnt, wohl aber das Lemberg in der fernen Sowjetunion. Er schaut und denkt: Hoppla, auf dem Bild schaut es dort aber ganz schön ähnlich aus wie bei uns. Etwas hügelig scheint es auch dort zu sein. Immerhin sagt der Weltatlas: Beide Lembergs liegen auf der gleichen Meereshöhe. Irgendwann schaut der Schüler erneut und genauer hin und denkt: Moment – das ist unser Lemberg, das Foto wurde da gemacht, wo jetzt das Neubaugebiet steht.

Das Bild, das angeblich den Stadtrand der heute ukrainischen Großstadt zeigt, offenbart tatsächlich den Blick von einer mittlerweile teilbebauten Anhöhe über den Ort Lemberg in der Pfalz auf den Burghügel. Das Foto aus heutiger Zeit lässt neben neuen Gebäuden einen üppigeren Bewuchs der Höhen erkennen. Wer einmal Plattenbausiedlungen am Rand osteuropäischer Städte gesehen hat, glaubt der Bildunterschrift »Lemberg – Am Stadtrand« im Lexikon wahrscheinlich keinen Moment.

In Deutschland wird das ukrainische Lwow im Übrigen auch heute wieder »Lemberg« genannt – den Fußballfans bei der EM 2012 war anderes wohl nicht zuzumuten.

Adresse Waldstraße, 66969 Lemberg | **ÖPNV** Hauptbahnhof Pirmasens, Bus 250, Haltestelle Lemberg Ortseingang | **Pkw** B 10, Landau–Pirmasens, Ausfahrt Lemberg/Ruppertsweiler, auf K 36 Richtung Lemberg, nach 5 Kilometern im Kreisverkehr die 1. Ausfahrt nehmen, weiter auf Weiherstraße, nach circa 600 Metern rechts auf Waldstraße, nach circa 600 Metern parken, an einer Linkskurve rechts auf den Wanderweg, nach weiteren 150 Metern bietet sich der Lexikon-Blick über den Ort | **Tipp** Im Gasthaus Neupert in der Hauptstraße 2 im Ortszentrum genießt man ausgezeichnete Pfälzer Wildspezialitäten (www.landgasthausneupert.de).

Leman, Lac

Lemberg: Am Stadtrand

2. Jules, frz. Dramatiker u. Theaterkritiker *27.4.1853 Vénnecy †5.8.

Holz-, Glasindustrie, Glühlampenfabrik; Erdölraffinerie Wärmekraft-

62 Die Cyriakuskapelle

Frühreife Früchtchen und Schnapsdaten

Lindenberg ist ein kleines Dorf, dem 2009 beim Landeswettbewerb »Unser Dorf hat Zukunft« eine ebensolche attestiert wurde. Beschaulich lebt es sich hier, die Pfälzer Gemütlichkeit wird großgeschrieben. Im positiven Sinne gibt es nichts, was aus dem Rahmen fallen würde. Und doch ist das 1.100-Seelen-Dorf für viele der Nabel der Pfalz, denn hier entscheidet sich, wie ertragreich die nächste Weinlese ausfällt.

Kurioserweise liegt das Dorf gar nicht in der eigentlichen Weinpfalz, sondern am Rand des Pfälzer Waldes unterhalb der Cyriakuskapelle. Das 1543 erstmals urkundlich erwähnte hübsche Kapellchen wurde im Halsgraben aus den Überresten der 1364 zerstörten Lindenburg erbaut. Es ist dem heiligen Cyriakus geweiht, einem der 14 Nothelfer, dessen Fest die katholische Kirche am 8.8. feiert. Weil Cyriakus vor schlechtem Wetter und insbesondere vor Frost schützen soll, ist er der Schutzpatron der Winzer. Seit Jahrhunderten begeben sich daher die Pfälzer Weinbauern alljährlich um den 8.8. auf Wallfahrt zur Cyriakuskapelle. Sie bringen frühreife Trauben mit und bitten um gute Ernte und um Schutz für ihre Weinberge – seit 2005 legen sie die Trauben auf den von den »Rentnern« gestifteten Außenaltar.

Diverse Sagen ranken sich um das Kirchlein. Eine berichtet, dass es eigentlich unten im Tal gebaut werden sollte – was den Lindenbergern lange Wege erspart hätte. Also trug man das Baumaterial im Dorf zusammen. Als man am nächsten Morgen zur Tat schreiten wollte, waren Balken und Steine verschwunden – und wurden nach langer Suche auf dem Berg am heutigen Standort gefunden. Das Spiel wiederholte sich ein weiteres Mal, die Lindenberger fügten sich und bauten eben auf dem Berg. Jahrhundertelang mussten sie diesen nun hinaufkraxeln, denn bis 1929 war die Cyriakuskapelle das einzige Gotteshaus im Dorf. Den Besuchern sei gesagt: Die Aussicht entschädigt.

Adresse parken Höhe Neutalstraße 3, 67473 Lindenberg | Pkw A 65, Ausfahrt Neustadt/Weinstr.-Nord, auf B 38 Richtung Neustadt/Weinstr.-Zentrum/Lambrecht, 6 Kilometer folgen, dann 4,2 Kilometer auf Talstraße/B 39, rechts auf K 16, links auf Hauptstraße, 1. rechts auf Neutalstraße, parken, links auf Fußweg und Schildern folgen | Tipp Inzwischen gibt es in Lindenberg zwei Kirchen an und nahe der Hauptstraße: den roten Sandsteinbau der katholischen (1929) und die weiß verputzte protestantische Kirche samt Turm mit Zwiebelhaube (1953).

63__BASF und Bluejeans

Hip Teens Don't Wear Blue Jeans ...

... dies war zumindest in den 1990ern der Fall, als Baggy Pants und weite Skaterhosen dem Jeansboom der späten 1970er ein Ende setzten und damit den traditionsreichen Jeanslabeln starke Umsatzeinbußen bescherten. Immerhin landete das Frank Popp Ensemble noch 2003 mit seinem Abgesang auf die Denimhose einen Hit! Jahre zuvor war die Jeans Sinnbild einer modernen Lebensart, das Einweichen der Neuen am eigenen Körper in der Badewanne wurde regelrecht zelebriert.

Mit den Amerikanern war die Jeans in den Nachkriegsjahren nach Europa gekommen. Labels wie Levis, Lee und Wrangler nutzten den Markt, um restliche Armeejeansbestände zu vertreiben. Großen Anklang fand die Hose unter »halbstarken« Jugendlichen, die sich in ihrer »Texashose« (BRD) oder wahlweise in der »Niethose« (DDR) vom Establishment absetzten und gegen überkommene Traditionen protestierten. Marlon Brando und James Dean, ihre Helden in Bluejeans, machten es auf den Kinoleinwänden vor.

Der Name Bluejeans spielt auf die Färbung an. Ursprünglich hat der Vater aller Jeanshosen, der fränkische Auswanderer Levi Strauss, die strapazierfähigen Kleidungsstücke für die Goldgräber in San Francisco erfunden, zunächst aus Hanf, dann aus Denim, blau gefärbt mit Indigo. Bereits im Mittelalter war der aus Indien importierte Farbstoff bekannt, aber aufgrund des Preises meist Königen vorbehalten: Zur Krönung trugen diese einen Mantel im buchstäblichen Königsblau. Dass heute jeder ein kleiner König oder eine kleine Königin sein kann, liegt nicht zuletzt an der BASF. Gegen Ende des 19. Jahrhunderts entbrannte unter den Chemiefabriken ein Wettbewerb, wer als Erste Indigo künstlich herstellen konnte. 1897 ging die BASF als Siegerin hervor und brachte den synthetischen Farbstoff auf den Markt. Seitdem sorgt Indigo für den »Used Look« der Bluejeans, und auch die Krise der 1990er ist längst überwunden: Hip Teens *Do* Wear Blue Jeans!

Adresse Carl-Bosch-Straße 44, 67063 Ludwigshafen am Rhein-Friesenheim/Nord | ÖPNV Straßenbahn RNV 7, Haltestelle BASF Tor 1 + 2 | Pkw A 6, Ausfahrt Ludwigshafen-Nord, auf B 9 einfädeln und 1,7 Kilometer folgen, weiter auf L 523, nach 5,8 Kilometern liegt das Gelände rechts | Öffnungszeiten Aktuelle Informationen unter www.basf.com/global/de/who-we-are/organization/locations/europe/german-sites/ludwigshafen/neighbor-basf/visitor-center.html | Tipp Ein schönes Ludwigshafener Fotomotiv ist die alte Pegeluhr an der ehemaligen Kammerschleuse. Man beachte das Ziffernblatt mit zehn Ziffern!

64_Die BASF-Wohnsiedlungen

Ludwigshafens »Altstadt«

Im Streit der beiden Städte Ludwigshafen und Mannheim (siehe Seite 142) rühmt sich Letztere oft ihres Schlosses. Aber auch in Ludwigshafen gibt es ein »Schloss« – zumindest titulierte Dr. Wolfgang Schubert von der Luwoge, dem BASF-Wohnungsunternehmen, den Wislicenusblock einst so. Und tatsächlich: Die neun 1918 bis 1920 gebauten dreigeschossigen Blöcke sind barock inspiriert. Repräsentative Mansardwalmdächer, Giebel, Erker und Loggien verleihen den ursprünglich ockerfarbenen Bauten etwas Herrschaftliches. Tordurchfahrten führen zu begrünten Innenhöfen, im mittleren steht das Kriegerdenkmal für die im Ersten Weltkrieg gefallenen Werksangehörigen. Die Werkssiedlungen für ihre Arbeiter hatte die BASF seit 1872 am Nordende ihres Areals gebaut, um der drohenden Abwanderung qualifizierter Angestellter entgegenzuwirken, die mangels Verkehrsanbindung weite Anfahrtswege hatten.

Verfügten die Wohnungen im Wislicenusblock bereits über Bad und Toilette, entsprachen die 1872 bis 1911 errichteten 66 frei stehenden Backsteinhäuser der Wohnsiedlung Hemshof der sozialen Stellung ihrer Bewohner: schlichte eingeschossige Kreuzhäuser mit ausgebautem Satteldach in Gartenparzellen für Arbeiter; zweigeschossige Aufseherhäuser mit mehr Komfort für Beamte und Direktoren.

Die Wohnungspolitik der BASF ging auf. Die Bevölkerung in Hemshof war 1910 in 30 Jahren von 5.826 auf rund 31.000 angewachsen, das Viertel selbst verfügte über eine gute Infrastruktur. In den 1950ern wurden Denkmalzonen eingerichtet – verbunden mit dem Verbot baulicher Veränderungen. Gastarbeiter bezogen die inzwischen veralteten Wohnungen, die Modernisierung begann erst 1972. In den 1980ern eröffneten Mundartbühnen und neue Gastronomie, die Prinzregentenstraße wurde multikulturelle Flaniermeile, und passend zum »Schloss« gibt es nun auch »Neue Hofgärten«: Als solche wurden die Wohnungen im Wislicenusblock 2012 verkauft.

Adresse zum Beispiel Anilinstraße 29–53/Wislicenusstraße, 67063 Ludwigshafen am Rhein-Friesenheim/Nord | **ÖPNV** Straßenbahn RNV 10, Haltestelle Heinrich-Ries-Halle, 5 Minuten Fußweg | **Pkw** A 6, Ausfahrt Ludwigshafen-Nord, auf B 9 einfädeln und 1,7 Kilometer folgen, weiter auf L 523, nach 6,2 Kilometern rechts auf Anilinstraße, dann rechts in Graebestraße, rechts in Wislicenusstraße | **Tipp** Spazieren Sie durch die umliegenden Straßen; jenseits der Leuschnerstraße befindet sich beispielsweise die Denkmalzone Lenaublock (Leuschnerstraße 12–16, Lenaustraße 2–12, Rollestraße 15 und 17, 1. Gartenweg 26–36), ebenfalls eine Wohnsiedlung der BASF.

65 Die Endlose Treppe

Steil hinauf nach dem »Prinzip Hoffnung«

Woran hält sich die Fünf-Prozent-Partei im Wahlkampf fest? Oder der vom Abstieg bedrohte Fußballverein? Stets wird das »Prinzip Hoffnung« bemüht. Das geflügelte Wort geht auf den Philosophen Ernst Bloch zurück. In Ludwigshafen, der Heimatstadt Blochs, wurde diesem seinem Hauptwerk ein Denkmal gesetzt: eine zehn Meter hohe Steinskulptur des Schweizer Bildhauers Max Bill.

Die Plastik hinter dem Wilhelm-Hack-Museum besteht aus einem zylinderförmigen Sockel, auf dem 19 Treppenstufen aus Granit in die Höhe ragen – eine Wendeltreppe ohne Geländer. Alle Stufen haben die gleiche Form, Lichteinfall lässt sie bisweilen uneinheitlich erscheinen.

Ernst Bloch entwarf in seinem »Prinzip Hoffnung« eine Philosophie der von ihm so benannten »Konkreten Utopie«. Damit waren real erreichbare Veränderungen der Gesellschaft gemeint. Das Werk entstand zwischen 1938 bis 1947 im amerikanischen Exil, in einer Zeit, da Totalitarismus und Tyrannei in Europa das Hoffen schwer machten. Möglichkeiten, den wiederkehrenden politischen Katastrophen und Kriegen zu entkommen, beschäftigten reflektierte Menschen. Im Vorwort zum »Prinzip Hoffnung« heißt es: »Wer sind wir? Wo kommen wir her? Wohin gehen wir? Was erwarten wir? Was erwartet uns? Viele fühlen sich nur als verwirrt. Der Boden wankt, sie wissen nicht, warum und von was. Dieser ihr Zustand ist Angst«, und weiter: »Es kommt darauf an, das Hoffen zu lernen. Seine Arbeit entsagt nicht, sie ist ins Gelingen verliebt statt ins Scheitern.« Als Nichtphilosoph stellt man sich die Frage, ob die »Endlose Treppe« ein Beharren auf der Hoffnung auf Veränderungen symbolisiert oder ob ihr abruptes Ende für einen Ausbruch aus schicksalhaften Endlosschleifen steht. In einer Umgebung, die von funktionalen, symmetrischen Nachkriegsbauten geprägt ist, versinnbildlicht die sich windende Treppe auf jeden Fall Leichtigkeit und eine Offenheit der Richtungen.

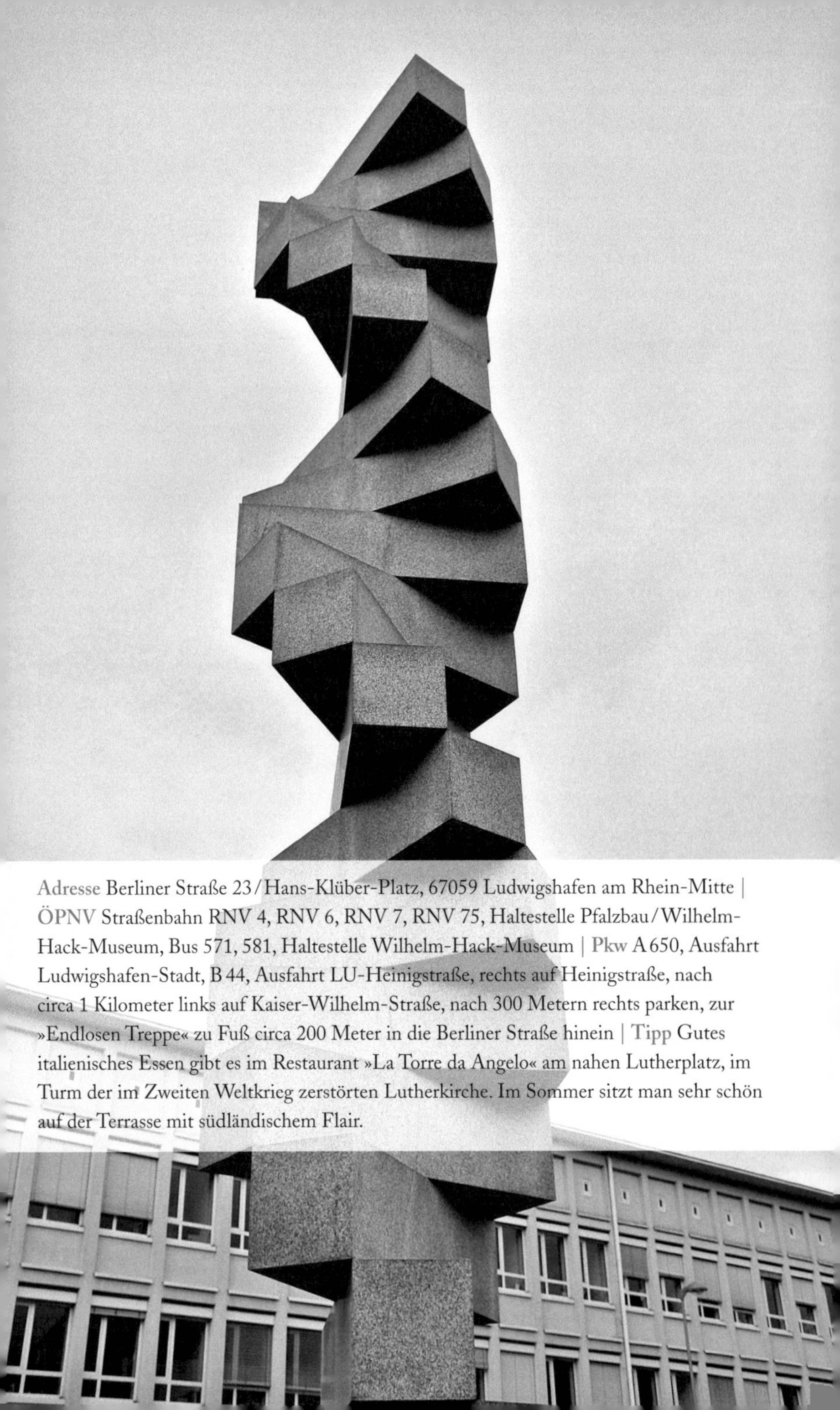

Adresse Berliner Straße 23/Hans-Klüber-Platz, 67059 Ludwigshafen am Rhein-Mitte | ÖPNV Straßenbahn RNV 4, RNV 6, RNV 7, RNV 75, Haltestelle Pfalzbau/Wilhelm-Hack-Museum, Bus 571, 581, Haltestelle Wilhelm-Hack-Museum | Pkw A 650, Ausfahrt Ludwigshafen-Stadt, B 44, Ausfahrt LU-Heinigstraße, rechts auf Heinigstraße, nach circa 1 Kilometer links auf Kaiser-Wilhelm-Straße, nach 300 Metern rechts parken, zur »Endlosen Treppe« zu Fuß circa 200 Meter in die Berliner Straße hinein | Tipp Gutes italienisches Essen gibt es im Restaurant »La Torre da Angelo« am nahen Lutherplatz, im Turm der im Zweiten Weltkrieg zerstörten Lutherkirche. Im Sommer sitzt man sehr schön auf der Terrasse mit südländischem Flair.

66__Die Filmstadt

Tatort Nachttanke

Dem regelmäßigen »Tatort«-Konsumenten ist Ludwigshafen als Filmstadt durchaus vertraut. Das Gebäude, in dem Hauptkommissarin Lena Odenthal und ihr Kollege Mario Kopper ihre Kommandozentrale haben, ist noch bis zum geplanten Abriss 2022 das hiesige Rathaus-Center. Die Fälle, die das etablierte Ermittlerduo löst, tragen damit nicht unerheblich zum Image der Stadt bei. In den bereits über 60 Fällen aus Ludwigshafen werden mitunter problematische Themen aufgegriffen und neue mediale Konzepte ausprobiert. In der Folge »Der Wald steht schwarz und schweiget« vom Mai 2012 geschieht Fernsehen im Dialog mit dem Publikum – die Zuschauer sollten an der Lösung des Falls mitwirken, fast 110.000 beteiligten sich.

Um einen Dialog mit dem Publikum geht es auch in der »Ludwigshafener Position«, einem Manifest, verkündet beim ersten »Festival des Deutschen Films«, das seit 2005 in Ludwigshafen stattfindet und Film als Werkstatt begreift. Vielleicht ist Ludwigshafen auch genau der richtige Ort für dieses Festival, wirkt die Stadt doch bisweilen selbst wie eine Werkstatt. Traditionelle Industriestadt im Strukturwandel, schwer getroffen von Kriegszerstörungen, zerschnitten von kreuz und quer übereinanderführenden Verkehrsachsen, die seit Jahren teilweise zurückgebaut werden, erschließt sich ihr Charme nicht unbedingt auf den ersten Blick.

An einer Schnellstraßenauffahrt inmitten der Stadt liegt eine Tankstelle, an der ein ganz anderes cineastisches Werk entstand: Im Dokumentarfilm »Nachttanke« von Regisseur Samir Nasr aus dem Jahr 1999 werden sehr unterschiedliche Charaktere bei ihren Besuchen der 24-Stunden-Tankstelle in der Heinigstraße vorgestellt. An diesem pittoresken Durchgangsort treffen sie alle aufeinander: Punks, Rechtsradikale, betrunkene Alte, Jugendliche auf der Suche nach einem Platz zum Chillen. Der Film erzählt von ihren täglichen Sorgen, ihren Träumen und Enttäuschungen. Und damit erzählt er auch einiges über Ludwigshafen.

Adresse ARAL Autogas-Tankstelle, Heinigstraße 69; Rathaus-Center, Rathausplatz 20, 67059 Ludwigshafen am Rhein-Mitte | ÖPNV ARAL Autogas-Tankstelle: Hauptbahnhof Ludwigshafen, nördlicher Ausgang, zu Fuß die Pasadenaallee bis zur Heinigstraße, dort gleich rechts; Rathaus-Center: Bus 70, Haltestelle Rathaus; Bus 75, Haltestelle Galerie | Pkw ARAL Autogas-Tankstelle: A 650, Ausfahrt Ludwigshafen-Stadt, auf B 44 Richtung Mannheim, nächste Ausfahrt LU-Heinigstraße, dann gleich auf der rechten Seite; Rathaus-Center: A 650, Ausfahrt Ludwigshafen-Stadt auf B 44 Richtung Mannheim, 2. Ausfahrt Rathaus-Center, rechts auf Rheinuferstraße, wieder rechts auf den Rathausplatz | Tipp Ein weiteres filmisches Highlight auf der Parkinsel: Jedes Jahr im Sommer wird hier der mit 50.000 Euro dotierte »Filmkunstpreis« im Rahmen des mehrtätigen »Festival des Deutschen Films« verliehen (www.festival-des-deutschen-films.de).

67__Die Konrad-Adenauer-Brück

Eine ganz besondere Connection

Die Konrad-Adenauer-Brücke verbindet nicht nur zwei Ufer dies- und jenseits des Rheins, nein, sie verbindet zwei Städte (Ludwigshafen und Mannheim), zwei Bundesländer (Rheinland-Pfalz und Baden-Württemberg) und sogar zwei Mentalitäten (das nicht immer erfolgreich).

Ludwigshafen, die jüngere der beiden Schwesterstädte, hat sich aus der ehemaligen Mannheimer Schanze entwickelt, die der Sicherung einer alten Rheinbrücke diente (die erste gab es 1669). Und wie das unter Geschwistern so ist, lassen sie keine Gelegenheit aus, sich zu kebbeln. So blickt die ältere Schwester Mannheim mit ihrer bürgerlichen Bevölkerung auf die proletarischen »Lumpehafener« hinab, die sich alle bei der »Anilin« (der BASF) verdingen. Die Ludwigshafener dagegen lachen über die »Fehlentscheidung« der Mannheimer: Die BASF war eigentlich am 6. April 1865 in Mannheim gegründet worden, zog jedoch schon eine Woche später nach Ludwigshafen. Angeblich wollten die Mannheimer den Dreck nicht haben – eine Fabrik passt eben nicht zum Barockschloss. Fakt ist, dass der Umzug in die damalige bayerische Rheinpfalz aufgrund von 1,5 Millionen Gulden Subvention seitens des Bayernkönigs erfolgte.

Weil die Fabrik aber am Rhein steht und der Dunst aus den Schornsteinen nach Mannheim zieht, spotten die Ludwigshafener: »Jetzt hänn se de Dreck, aber Ludwichshafe hot die Oinahme.« So richtig übel nimmt man sich die gegenseitigen Sticheleien aber nicht; viele Autofahrer kutschieren ihr Kennzeichen »LU-MP« mit Stolz durch die Stadt – und manchmal eben auch über die Konrad-Adenauer-Brücke, die 1959 eingeweiht wurde und 1967 ihren jetzigen Namen erhielt. Dabei passieren sie jeweils die Ortseingangsschilder – und hinterlassen dort manchmal ihre Kommentare: Die Brücke ist quasi Ausdruck der gegenseitigen Hassliebe, denn keine der beiden Städte kann und will so richtig ohne die andere – wäre ja auch langweilig.

Adresse Konrad-Adenauer-Brücke/B 37, 67061 Ludwigshafen am Rhein-Mitte | ÖPNV DB RE 4, RE 7, RE 14, RB 44, S 1, S 2, S 3, S 4, Haltestelle Ludwigshafen (Rhein) Mitte | Pkw von A 61 bei Kreuz Ludwigshafen Schildern Richtung A 650 nach Ludwigshafen folgen, nach 8,9 Kilometern weiter auf B 37 bis Konrad-Adenauer-Brücke | Tipp Tun auch Sie etwas für eine Städtepartnerschaft der besonderen Art und fahren Sie tatsächlich von der Pfalz ins badische Mannheim. Das Barockschloss, die Innenstadt mit ihren Quadraten und der riesige Luisenpark sind absolut sehenswert.

68_Die Miró-Wand

Bunte Fabelwesen, ein Baufehler und der Zoll

Beamte sind Beamte. Und wenn sie 7.200 Keramikfliesen sehen, dann ist das für sie eine Sanitärverkleidung, auf die immens hohe Einfuhrzölle fällig sind. Und so wäre die Einfuhr der Fliesen für die »Miró-Wand« beinahe am Zoll gescheitert. Das Kunstwerk war von Joan Miró in Zusammenarbeit mit dem Keramiker Joan Gardy Artigas in einem Bergdorf bei Barcelona gefertigt worden. Eine Oberfinanzdirektion zeigte sich am Ende jedoch ausreichend kunstverständig, und die Fliesen durften, als Kunstwerk ausgewiesen, günstig einreisen.

Miró war vom Kölner Kunstmäzen Wilhelm Hack, dem damaligen Kulturdezernenten Hanns Astheimer, Museumsleiter Manfred Fath und Oberbürgermeister Werner Ludwig beauftragt worden, die 55 Meter breite und zehn Meter hohe Außenwand des nach Hack benannten Museums zu gestalten – es wurde Mirós flächenmäßig größtes Werk. Hack hatte 1971 der Stadt Ludwigshafen seine gesammelten Werke vermacht. Im Wilhelm-Hack-Museum, das 1979 eingeweiht wurde, sollten sie der Öffentlichkeit zugänglich gemacht werden. Bei der Planung vergaß man einige Inneninstallationen, und so musste die Außenwand im Nachhinein um vier Meter erhöht werden, was die Gestaltung einer großen Fläche notwendig machte.

Miró selbst war nie in Ludwigshafen. Drei Jahre nach Vollendung starb der Künstler. Mit ihren surrealen und in bunten Farben gehaltenen Phantasiewesen ist die Miró-Wand ein wundervoller Farbklecks innerhalb einer den Bedürfnissen des Straßenverkehrs angepassten Umgebung, ein aufhellendes Moment an der Ecke Berliner und Kaiser-Wilhelm-Straße. »Für mich muss ein Bild Funken sprühen«, soll Miró einmal gesagt haben. Dieses Ideal kann man hier umgesetzt sehen, auch wenn der Wand die enorme Schadstoffbelastung beständig zusetzt. Die Signaturen von Miró und Artigas sind übrigens am linken Rand der Fassade mit der Jahreszahl 1979 zu sehen.

Adresse Berliner Straße 23, 67059 Ludwigshafen am Rhein-Mitte | ÖPNV Straßenbahn RNV 4, RNV 6, RNV 7, RNV 75, Haltestelle Pfalzbau/Wilhelm-Hack-Museum, Bus 571, 581, Haltestelle Wilhelm-Hack-Museum | Pkw A 650, Ausfahrt Ludwigshafen-Stadt, B 44, Ausfahrt LU-Heinigstraße, rechts auf Heinigstraße, nach circa 1 Kilometer links auf Kaiser-Wilhelm-Straße, nach 300 Metern rechts parken, zu Fuß circa 200 Meter zurück, an der Kaiser-Wilhelm-Straße | Tipp Das Wilhelm-Hack-Museum ist einen Besuch unbedingt wert. Neben Sammlungen mittelalterlicher Sakralkunst, Klassischer Moderne, Pop-Art und Gegenwartskunst beherbergt es ständig wechselnde Ausstellungen (wegen Brandschutz-Sanierung bis Mai 2021 geschlossen).

69__Die Walzmühle

Glanzvolle Geschichte und Strukturwandel

Stolz ragt die symmetrische Fassade aus Blendziegeln am Rheinufer in den Himmel und versprüht den Glanz früherer Zeiten. Als im Jahr 1906 ein zweites Mal eine Mühle an dieser Stelle errichtet wurde – ein erster Bau aus dem Jahr 1885 war niedergebrannt –, erachtete man eine repräsentative Fassade zum Wasser hin als wichtig, schließlich lag das Mannheimer Schloss jenseits des Flusses in Sichtweite. Auch wusste man das Repräsentative mit dem Nützlichen zu verbinden: Der Turm, der die Fassade teilt, beinhaltete den Wasserbehälter. Die Lage am Rhein, ein direkter Eisenbahnanschluss sowie ihre Größe und moderne Ausstattung machten die Mühle zu einer der wirtschaftlich bedeutendsten in ganz Europa.

Mit der Zeit wurde die Anlage unrentabel. 1985, genau ein Jahrhundert nach Fertigstellung der ersten Mühle, wurde sie stillgelegt. Ein Großteil der Fläche lag daraufhin brach – bis die Stadt das Motto »Vom Industrie- zum Dienstleistungsstandort« ausrief. 1998 eröffnete auf einem großen Teil der ehemaligen Industriefläche ein neu errichtetes Einkaufs- und Kinocenter, dessen Architektur ein bisschen Reminiszenz an die historische Walzmühle ist.

Doch der Strukturwandel funktionierte nicht so richtig, die Besucherzahlen blieben bescheiden. Heute stehen weite Teile der Ladenfläche leer, und das Angebot wird bestimmt von Billigketten und Schnellgastronomie. Da 2022 das Ludwigshafener Rathaus abgerissen werden soll, ist die Walzmühle als potenzielle Zwischenlösung für die Verwaltung im Gespräch.

Direkt am Rheinufer stand noch in den 1990er Jahren eine weitere Halle des ehemaligen Mühlenkomplexes und diente als Location für Technopartys. Heute gibt hier eine Grünfläche den Blick vom Fluss frei auf die repräsentative Ziegel-Architektur des ehemaligen Mehlmagazins. Das Gelände am Ufer bietet Raum für zahlreiche Freizeitaktivitäten und einen schönen Blick über den Rhein auf die Schwesterstadt Mannheim.

Adresse Yorckstraße 2, 67061 Ludwigshafen am Rhein-Süd | ÖPNV DB RE 4, RE 7, RE 14, RB 44, S 1, S 2, S 3, S 4, Haltestelle Ludwigshafen (Rhein) Mitte | Pkw A 650, Ausfahrt Ludwigshafen-Stadt, auf B 44 Richtung Mannheim, nach 2 Kilometern Ausfahrt LU-Zentrum, rechts auf Rheinuferstraße/L 523, nach circa 1,2 Kilometern rechts auf Yorckstraße/L 523 | Öffnungszeiten Einkaufszentrum Mo–Sa 8–20 Uhr | Tipp In der ehemaligen Direktorenvilla neben dem Hauptgebäude der Walzmühle hat seit 2000 das Ernst-Bloch-Zentrum seinen Sitz. Der berühmte Philosoph wurde in Ludwigshafen geboren (siehe Seite 138).

70__Der Skulpturenweg

Im Wald. Da sind die Geister

Wer von der Straße aus den Wald betritt, sucht Erholung und Ruhe. Doch Obacht! Gar so still und unbelebt wie es auf den ersten Blick scheint, geht es im tiefen Dickicht bei Ludwigswinkel nicht zu. Allerlei Tiere – zahme und wilde – sind hier unterwegs. Besser, man bewegt sich umsichtig und achtet auf das Wohl der Natur – denn das hier ist das Reich der Tiere. Wer laut und rücksichtslos auftritt, dem könnte wohl schnell Ungemach drohen, vom Keiler einer Wildschweinfamilie beispielsweise oder von der scheuen, aber pfeilschnellen Wildkatze »Silva«. Und an mancher Ecke lauert gar ein Geist. Mit Schlangengeist und Sensenmann ist nicht zu spaßen.

Mit der Zeit merkt man jedoch, dass Furcht vor den Bewohnern des Waldes nicht angebracht ist, sind sie doch allesamt aus Holz. Die Skulpturen wurden von Forstwirten aus der Region aus Baumstümpfen zurechtgeschnitzt. Einige von ihnen sind bereits die zweite Generation. Seit 2015 wird der »Skulpturen- und Erlebnispfad Lindelskopf« erneuert und bekam schon viele neue Gesichter. Der Weg ist in mehrere Themenbereiche gegliedert. So gibt es nun eine Station für die Wildtiere, die rund um eine »Saukuhle« angelegt ist, sowie die Station »Waldkindergarten«, wo sich die kleineren Tiere tummeln. Gustav Gans ist auch unter ihnen. Hänsel und Gretel und das Rumpelstilzchen sollen in ihrem Bereich der Geister, Sagen- und Märchengestalten noch Gesellschaft bekommen.

Zweieinhalb Kilometer ist der Weg insgesamt lang. An einem der Eingänge wacht übrigens der »Zöllner Wack« darüber, dass möglichst nur freundlich gesinnte Zeitgenossen Zugang bekommen. Er steht mit seinem Namen für die Bewohner der Nachbarregion, des Elsass, wobei die alte Bezeichnung »Wackes« früher nicht ganz nett gemeint war. Nachdem es keine Zollschranken mehr an der Grenze gibt und seine eigentliche Rolle wegfiel, hat der Zöllner am Skulpturenweg eine neue Aufgabe gefunden.

Adresse Freizeitgelände Birkenfeld, 66996 Ludwigswinkel | Pkw B 427, Richtung Dahn – Bad Bergzabern, bei Dahn-Reichenbach rechts auf L 489 Richtung Bundenthal, nach 4,3 Kilometern rechts auf L 478, über Rumbach Richtung Fischbach, nach 6,6 Kilometern rechts auf L 478 durch Fischbach, nach 5,2 Kilometern links auf K 43, nach circa 1,5 Kilometern rechts parken am Freizeitgelände Birkenfeld, einige Meter die Straße zurück geht es auf der anderen Straßenseite in den Wald hinein | Tipp Direkt am Parkplatz des Freizeitgeländes Birkenfeld beginnt ein Barfußpfad. Eineinhalb Kilometer lang werden die Füße beim Gang über verschieden beschaffenen Untergrund gefordert und gepflegt.

71__Die Heimat des Klappmeters

Das Maß aller Dinge …

… hat man in Maikammer wenn nicht ge-, so doch erfunden. Bis heute ist das 1886 im schönen Ort an der Weinstraße patentierte Klappmeter mit Federgelenk unverändert geblieben und vereinfacht somit vor allem senkrechtes Messen. »Maßgeber« waren die Maikammerer Brüder Franz und Anton Ullrich, Anton hatte bereits ab 1850 Gelenkmaßstäbe gebaut und zusammen mit Franz 30 Jahre lang die Federsperre weiterentwickelt. 1889 präsentierten sie ihr Klappmeter auf der Pariser Weltausstellung, und heute ist es das Maß aller Haushalte und liegt auch als Zollstock, Meterstab oder Schmiege im Werkzeugkasten. Ebenfalls 1889 gründete Antons Neffe Gustav in Annweiler am Trifels die »Meterfabrik«, die neben Meterstäben Senklote und Wasserwaagen verkaufte und heute als »Stabila« firmiert.

Noch immer dreht sich in Maikammer alles rund ums Messen: Beim Ortsausgang Maikammer-Alsterweiler beginnt eine sechs Kilometer lange Wettkampfstrecke für Läufer und Radfahrer. Der Clou: An Start und Ziel steht jeweils ein Pfalz-StoppOmat, an dem man eine Karte zieht und die Anfangszeit registriert. Am Ziel angekommen, wird die Zeit wieder erfasst, die dann eine Woche lang im Internet zu sehen ist (www.stoppomat.de). Die Strecke mit durchschnittlich sechsprozentiger Steigung führt zur 672,6 Meter hohen Kalmit, an deren Fuß das malerische Maikammer liegt.

Auf dem höchsten Berg im Pfälzer Wald gibt es die erste deutsche Sichtweitenmessstation, die Fern-Sehen in seiner wörtlichen Bedeutung ermöglicht. Mit einem Messbereich bis 390 Kilometer kann man an Tagen mit exzellenten Sichtverhältnissen sogar die Frankfurter Skyline erkennen. Glauben Sie nicht? Messen Sie nach, vielleicht mit einem Klappmeter! Ihm zu Ehren wurde die gleichnamige Plastik von Lucie Wegmann und Daniel Moriz Lehr 2010 aus den Weinbergen geholt und am Kreisel am südlichen Ortseingang von Maikammer aufgestellt.

Adresse Kreisverkehr am südlichen Dorfeingang, circa Höhe Weinstraße Süd 62a/L512, 67487 Maikammer | **Pkw** A 65, Ausfahrt Edenkoben, Richtung Maikammer, rechts auf K 6, 1. Kreisverkehr passieren, im 2. rechts auf L 516, im Kreisverkehr 2. Ausfahrt bis zum Kreisverkehr mit Denkmal | **Tipp** Auf der Südseite des Rathauses in der Immengartenstraße 24 befindet sich der Mediterrane Garten samt Boule-Anlage, der beweist, dass auch in der Pfalz Gewächse wie Zypresse, Feige oder Ölbaum herrlich gedeihen.

72_Der Bahnhof samt Mahnmal

Wegweisendes Gedenken

Heute liegt der Hauptbahnhof von Neustadt ruhig da. Nur die übliche Verspätung der Deutschen Bahn sorgt für Unmut. Dabei hat der Bahnhof in seiner über 175-jährigen Geschichte ein sehr dunkles Kapitel geschrieben: Zwei ausnehmend »eifrige« Nazis, Robert Wagner und Josef Bürckel, die Gauleiter von Baden und der Saarpfalz, wollten in Berlin ganz besonderen Eindruck schinden und haben in der ersten planmäßig durchgeführten Deportation 6.538 jüdische Bürgerinnen und Bürger aus Baden, dem Saarland und der Pfalz in das südfranzösische Internierungslager Gurs verschleppt. Diese Unternehmung wurde als »Wagner-Bürckel-Aktion« bekannt.

In der Nacht vom 21. auf den 22. Oktober 1940, die jüdische Gemeinde hatte gerade das Laubhüttenfest Sukkoth beendet, ließ der Neustadter Josef Bürckel die über 50 Juden aus Neustadt und den Weindörfern zusammentreiben. Viele wurden aus dem Schlaf gerissen und hatten oftmals nur 30 Minuten Zeit, sich reisefertig zu machen, bevor sie zum Bahnhof verschleppt wurden. 50 Kilogramm Gepäck und 100 Reichsmark durften sie auf die Reise ins Ungewisse mitnehmen. 1.319 Kilometer ist Gurs entfernt; die beschwerliche Fahrt dauerte drei Tage und vier Nächte, und viele der älteren Menschen überlebten sie nicht. Robert Wagner indes berichtete am 23. Oktober stolz nach Berlin, sein Gau sei als erster des Reiches »judenrein«. Im Lager mangelte es an Hygiene und Nahrung; rund 2.000 Insassen gingen an den katastrophalen Verhältnissen zugrunde. Für die anderen ging die schreckliche Reise weiter in die Vernichtungslager, hauptsächlich nach Auschwitz. Nur wenige haben überlebt.

Solche Berichte machen sprachlos. Umso eindrucksvoller, mit welch einfachen Mitteln Gedenken zum Ausdruck gebracht werden kann. In Neustadt ist es ein Wegweiser im gängigen Design, dessen Entfernungsangabe für einen 1.319 Kilometer langen Leidensweg steht, der für viele erst der Anfang war.

Adresse Bahnhofstraße 6/Landauer Straße (Höhe Bahnhofplatz), 67434 Neustadt an der Weinstraße | **ÖPNV** DB, S-Bahn 1, 2, 3, 4, Bus 1, 2, Haltestelle Neustadt (Weinstr.) Hauptbahnhof | **Pkw** A 65, Ausfahrt Neustadt/Weinstr.-Nord, auf B 38 Richtung Neustadt/Weinstr.-Zentrum/Lambrecht einfädeln, im Kreisverkehr 3. Ausfahrt, um auf B 38 zu bleiben, nach 1,4 Kilometern links auf Karl-Helfferich-Straße, folgen bis Bahnhofstraße | **Tipp** Der Förderverein »Gedenkstätte für NS-Opfer in Neustadt« gibt auf seiner Internetseite viele Infos über die Deportierten sowie zur Rolle der Stadt im Nationalsozialismus. Besuchen Sie sonntags auch die Gedenkstätte (Le Quartier-Hornbach 13A, www.gedenkstaette-neustadt.de).

73_Das Casimirianum

Fünf Jahre am Puls der reformierten Zeit

Das »Casi«, wie die Neustadter es liebevoll nennen, hat sie alle gesehen: katholische Augustinerinnen, evangelische Reformer, Professoren und Studenten, Lehrer und Schüler, französische Besatzer und bayerische Besitzer. Und während all diese der Fluss der Geschichte zu anderen Gestaden gespült hat, steht das Casi noch immer am dahinplätschernden Speyerbach.

Es begann im 16. Jahrhundert, dem Jahrhundert der Reformationen und Gegenreformationen: Luther begründete 1517 seinen Zweig mit dem Wittenberger Thesenanschlag, Zwingli seinen 1522 mit einem Wurstessen. Mitte des Jahrhunderts hatte Zwinglis Reformation über Calvin als Wegbereiter auch einige Universitäten erreicht. Die Heidelberger Uni wurde unter Kurfürst Friedrich III. zu einem Wissenschaftszentrum calvinistischer Prägung, das berühmte Professoren anzog. Als Friedrich 1576 starb, kam mit seinem Sohn Ludwig VI. der Wechsel zum lutherischen Bekenntnis.

Welch Glück, dass der Pfalzgraf Johann Casimir die ehemalige »Weiße Klause« des alten Augustinerinnenklosters zur calvinistisch-theologischen Hochschule, dem Casimirianum, ausbauen ließ. 1578/79 kamen die Heidelberger Gelehrten, die der reformierten Kirche nicht abschworen, hierher, darunter der Herausgeber des Heidelberger Katechismus, Zacharias Ursinus, und der Herausgeber der Neustadter Bibel, David Pareus.

Mit dem Tod Ludwigs VI. 1583 wurden die Kisten erneut gepackt: Kurfürst Friedrich IV. ließ den Lehrbetrieb wieder nach Heidelberg verlegen, das zugehörige Pädagogium zur Vorbereitung aufs Studium blieb jedoch in Neustadt, bis die Pfalz 200 Jahre später französisch wurde. Während die Besatzer den Schulbetrieb im Casi mit einer École secondaire aufrechterhielten, endete er 1816 mit der Übernahme der Pfalz durch die Bayern ... Heute ist das Casi Gemeindehaus der evangelischen Stiftskirchengemeinde und Ort vieler Veranstaltungen.

Adresse Ludwigstraße 1, 67433 Neustadt an der Weinstraße | **ÖPNV** DB, S-Bahn 1, 2, 3, 4, Bus 1, 2, Haltestelle Neustadt (Weinstr.) Hauptbahnhof, 10 Minuten Fußweg | **Pkw** A 65, Ausfahrt Neustadt/Weinstr.-Nord, auf B 38 Richtung Neustadt/Weinstr.-Zentrum/Lambrecht einfädeln, im Kreisverkehr 3. Ausfahrt, um auf B 38 zu bleiben, 2,1 Kilometer folgen | **Tipp** Ein Exemplar von Pareus' Neustadter Bibel samt calvinistischen Kommentaren ist im Stadtmuseum Villa Böhm in der Villenstraße 16 b ausgestellt (Mi, Fr 16–18 Uhr, Sa, So 11–13 und 15–18 Uhr).

74_Das Eisenbahnmuseum

Letzter Halt: Neustadt!

Im Lokschuppen des Eisenbahnmuseums Neustadt hat sich auf einigen Gleismetern eine illustre Gesellschaft versammelt, die zusammen viele Jahre und noch mehr gefahrene Kilometer auf dem Buckel hat. In strahlendem Glanz scheinen sie nur auf das Abfahrtssignal des Schaffners zu warten – das Originalbahnsteigmobiliar tut ein Übriges. Dass man den Dampf- und Elektrolokomotiven ihr Alter nicht ansieht, dafür sorgen die ehrenamtlichen Vereinsmitglieder der Deutschen Gesellschaft für Eisenbahngeschichte. Manche von ihnen sind ebensolche Urgesteine wie die Exponate, mit denen sie einst die Pfälzer Gleise unsicher gemacht haben, darunter der 2012 verstorbene Werner Senftleben, der dem Lokpersonal des Museums neben dem Lehrbuchwissen das »richtige Gefühl« für Dampfloks vermittelte.

Bei den Schaustücken im Lokschuppen, der selbst ein Originalrelikt aus der Anfangszeit der Pfalzbahn ist, handelt es sich meist um Fahrzeuge der süddeutschen Länderbahnen. Beeindruckend sind der Nachbau (1925) der Lok »Die Pfalz« von 1853 sowie weitere Dampf- und Elektroloks.

Möglicherweise hat eine von ihnen einst sogar die Sensation des Museums, einen über 140 Jahre alten Pfalzbahn-Waggon, durch die Region gezogen. Für den Laien aufgrund des rostigen Äußeren nicht das interessanteste Stück im Museum, lässt er das Herz echter Eisenbahnfans höherschlagen. Pfälzische Personenwagen aus dem Kaiserreich galten als »ausgestorben«; dass dieser von 1872 – zur Werkstatt umfunktioniert – 2011 in einem Garten in Böhl wiederauftauchte, ist für das Museum ein Glücksfall. Nun wird er nach Originalplänen instand gesetzt.

Sicherlich kann der Besucher ihn dann auch »Probe sitzen« – genauso wie die anderen Waggons unterschiedlicher Klassen, die auch von innen zu besichtigen sind, denn beim Eisenbahnmuseum heißt es durchaus: »Alles einsteigen, bitte!«

Adresse Schillerstraße 3, 67434 Neustadt an der Weinstraße, www.eisenbahnmuseum-neustadt.de | ÖPNV DB, S-Bahn 1, 2, 3, 4, Bus 1, 2, Haltestelle Neustadt (Weinstr.) Hauptbahnhof | Pkw A 65, Ausfahrt Neustadt/Weinstr.-Nord, auf B 38 Richtung Neustadt/Weinstr.-Zentrum/Lambrecht einfädeln, im Kreisverkehr 3. Ausfahrt, um auf B 38 zu bleiben, nach 1,4 Kilometern links auf Karl-Helfferich-Straße, rechts auf Landauer Straße/B 39, links auf Schillerstraße/L 512; der Zugang zum Museum erfolgt nach 170 Metern über eine Treppe | Öffnungszeiten Di–Fr 10–13 Uhr, Sa, So, Feiertage 10–16 Uhr; 24. Dez.–Anfang Jan. geschlossen; Anfang Jan.–28. Feb. Sa 10–16 Uhr | Tipp Nach dem Museumsbesuch empfiehlt sich in den Sommermonaten eine Fahrt mit der Museumsbahn Kuckucksbähnel, bei der die Dampfloks und historischen Wagen wieder zum Einsatz kommen.

75 Die Stadt der Weinkönigin

Verse, fesche Frauen und Freiwein

1931 wurde in der Weinregion Pfalz das erste Mal eine Repräsentantin für den edlen Tropfen gekürt: Die Wahl der Pfälzer Weinkönigin erfolgte im Rahmen des Neustadter Weinlesefestes; gekrönt wurde das hübscheste Mädchen unter den Zuschauern im Saalbau. Dieses war Ruth Bachrodt, die – oh Schreck – ausgerechnet aus Pirmasens stammte, das nicht gerade für seinen Wein, dafür aber für gute Schuhe berühmt ist. Nach Bachrodts Meinung hat eine Weinkönigin diese aber auf alle Fälle nötig: »... damit sie im Weinberg arbeiten kann.«

Weil kein anderes deutsches Weinbaugebiet eine Weinkönigin kürte, übernahm die Pfälzer Königin mit ihrer Wahl die Repräsentation des deutschen Weins an sich. Im Jahr 1949 entschied man sich, die damalige Weinkönigin Elisabeth Kuhn offiziell zur Deutschen Weinkönigin zu ernennen. Diesmal stimmte auch die Herkunft: Standesgemäß kam die Siegerin aus Diedesfeld, dem geografischen Mittelpunkt der Deutschen Weinstraße. Auch mit Wein kannte sie sich aus: Unter der Woche arbeitete sie im elterlichen Weinbaubetrieb. Wahrscheinlich hätte sie deshalb auch die heute üblichen Wein-Fachfragen einer rund 70-köpfigen Jury beantworten können – für ihre Wahl reichte ein kurzer Vers: »Ich trink auf du und du / dem ganzen deutschen Volke zu / und wünsch ihm Glück und Segen / des edlen Weines wegen.«

Damals wie heute war der Terminkalender der Weinkönigin voll. Elisabeth Kuhn beschrieb, wie die Westberliner ihr zur Berliner Weinwerbewoche 1950 zujubelten. »An diesem Tag gab es vor dem Schöneberger Rathaus Freiwein für die Berliner, die waren ganz aus dem Häuschen.« Bis kurz vor ihrem Tod 2012 trat sie als Ehrengast bei der Wahl zur Deutschen Weinkönigin auf, die noch immer in Neustadt stattfindet. Schauplatz ist – wie könnte es bei einem so geselligen Thema wie Wein auch anders sein – Neustadts »gute Stube«, der wunderschöne Saalbau, der dann zum Königinnenpalast wird.

Adresse Bahnhofstraße 1, 67434 Neustadt an der Weinstraße | ÖPNV DB, S-Bahn 1, 2, 3, 4, Bus 1, 2, Haltestelle Neustadt (Weinstr.) Hauptbahnhof | Pkw A 65, Ausfahrt Neustadt/Weinstr.-Nord, auf B 38 Richtung Neustadt/Weinstr.-Zentrum/Lambrecht einfädeln, im Kreisverkehr 3. Ausfahrt, um auf B 38 zu bleiben, nach 1,4 Kilometern links auf Karl-Helfferich-Straße, folgen bis Bahnhofstraße, hier parken | Öffnungszeiten Veranstaltungsinfos www.neustadt.eu/Wein-Tourismus/Stadthalle-Saalbau/Veranstaltungen-im-Saalbau | Tipp In Laufweite liegt an der Ecke Manfred-Vetter-Straße 8 (ehemals Bachgängel)/Rathausstraße 12 das Otto Dill-Museum, das sich dem neben Slevogt bedeutendsten Pfälzer Maler widmet.

76_Der König-Ludwig-Pavillon

Abends mal eben zum »Salettchen«

So nannte König Ludwig I. von Bayern den kleinen achteckigen Bau auf dem Neuberg bei Gimmeldingen. Der Herrscher aus dem Hause Wittelsbach mochte die Pfalz, diesen abgelegenen Teil seines Königreichs, hier ließ er sich eigens die Villa Ludwigshöhe in die Weinberge bauen (siehe Seite 50). Zu seinen Lieblingsplätzen zählte – besonders während der Kirschblüte – der Pavillon, der heute seinen Namen trägt und den der König gern gegen Abend zwecks Blick in die Rheinebene aufsuchte, nebst einem Kirschbaum, den er ins Herz geschlossen hatte. Des Öfteren führte er dabei eine illustre, teils blaublütige Entourage im Schlepptau.

Mancher Besuch geht aus Briefen seines Hofmarschalls Generalmajor Freiherr von La Roche an den Besitzer des Gartenhäuschens, den Weingutsbesitzer Johann Wilhelm Lingenfelder, hervor. So wird diesem am 30. Juni 1860 für den nächsten Tag das Eintreffen Ludwigs, des Großherzogpaares von Hessen und des Prinzen Adalbert am Pavillon angekündigt; mit dem Hinweis, er – der Besitzer und gezwungenermaßen Gastgeber – möge doch bitte »Einfachheit ... walten« lassen. Denn: »Der freundliche Wille, das gute Herz steht über Allem!« Freilich wurden dennoch »den Allerhöchsten Herrschaften von dem Eigenthümer Erfrischungen gereicht«.

Viele Besuche fanden zu einer Zeit statt, da Ludwig I. bereits frei von königlichen Amtsgeschäften war – eine moralinsaure Öffentlichkeit hatte ihn 1848 wegen der Liaison mit der Tänzerin Lola Montez zum Abdanken gezwungen.

Umso befreiter konnte er sich der Schönheit der Pfälzer Kirschblüte widmen. Die Lobpreisung auf »den Garten Teutschlands, die blühende Pfalz«, die in einen Gedenkstein am König-Ludwig-Pavillon eingemeißelt ist, stammt übrigens aus einem Brief an den Schriftsteller Justinus Kerner von 1852 – ob der Satz einst auch jubilierend am Ort selbst ausgerufen wurde, diese Kenntnis hat der Monarch mit ins Grab genommen.

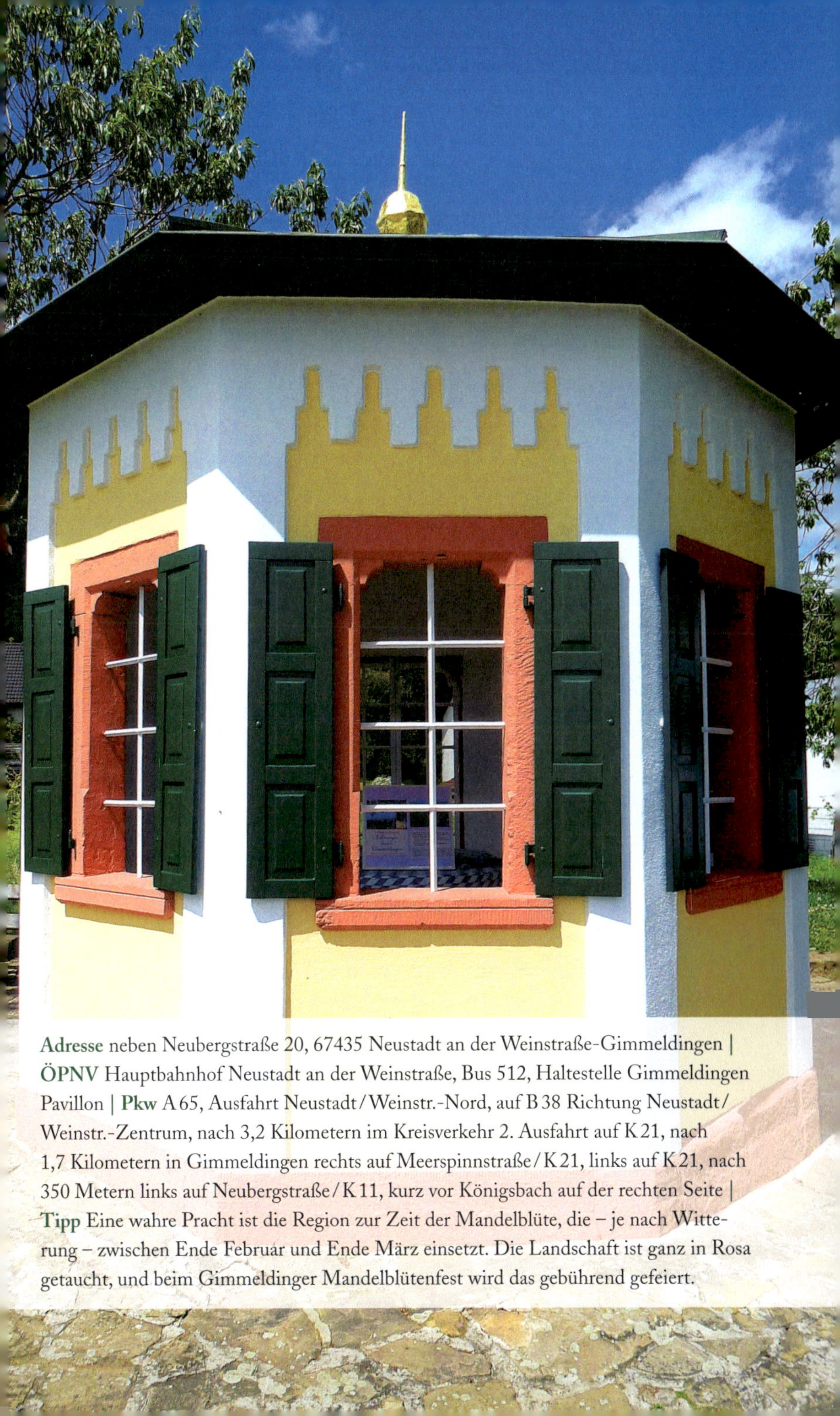

Adresse neben Neubergstraße 20, 67435 Neustadt an der Weinstraße-Gimmeldingen | **ÖPNV** Hauptbahnhof Neustadt an der Weinstraße, Bus 512, Haltestelle Gimmeldingen Pavillon | **Pkw** A 65, Ausfahrt Neustadt/Weinstr.-Nord, auf B 38 Richtung Neustadt/Weinstr.-Zentrum, nach 3,2 Kilometern im Kreisverkehr 2. Ausfahrt auf K 21, nach 1,7 Kilometern in Gimmeldingen rechts auf Meerspinnstraße/K 21, links auf K 21, nach 350 Metern links auf Neubergstraße/K 11, kurz vor Königsbach auf der rechten Seite | **Tipp** Eine wahre Pracht ist die Region zur Zeit der Mandelblüte, die – je nach Witterung – zwischen Ende Februar und Ende März einsetzt. Die Landschaft ist ganz in Rosa getaucht, und beim Gimmeldinger Mandelblütenfest wird das gebührend gefeiert.

77__Das Hambacher Schloss

»Hinauf, Patrioten, zum Schloss!«

So hallte es 1832 über den Marktplatz von Neustadt an der Haardt – wie die Stadt noch bis 1936 hieß –, und 30.000 Menschen folgten dem Ruf, um gegen die rückwärtsgewandte Politik des Deutschen Bundes zu demonstrieren. Die Bevölkerung der Pfalz hatte sich an die während Napoleons Herrschaft gewährten Freiheitsrechte (Code Civil) gewöhnt und litt nun als Teil des Königreichs Bayern, dem sie beim Wiener Kongress 1815 zugesprochen worden war, unter Restaurationspolitik und extrem hohen Steuern. Im Bürgertum brodelte es.

Als 1830 auch noch die Publikationsfreiheit weiter eingeschränkt wurde, war das Maß voll. Die Publizisten Philipp Jakob Siebenpfeiffer und Johann Georg August Wirth, Begründer des »Deutschen Preß- und Vaterlandsvereins«, initiierten für den 27. Mai 1832 ein Volksfest in Neustadt – offizielle politische Veranstaltungen waren verboten. Um acht Uhr morgens versammelte sich eine bunte Menge am Marktplatz, um sich auf den Weg zum vier Kilometer entfernten Schloss zu machen. Die Organisatoren hatten es verstanden, die unterschiedlichsten gesellschaftlichen Gruppen zu mobilisieren – Frauen, auf deren politische Benachteiligung hingewiesen wurde, Weinbauern, die unter hohen Ausfuhrzöllen litten, revolutionäre Polen und Franzosen. Wichtigste Gruppe waren jedoch studentische Burschenschaftler. Sie trugen das erste Mal in größerer Zahl schwarz-rot-goldene Fahnen, und manche von ihnen pochten auf Umsturz. Die meisten unter den Teilnehmern der Hauptkundgebung am Hambacher Schloss – damals eine Ruine – traten dagegen gewaltlos für mehr Meinungs-, Presse- und Versammlungsfreiheit und die nationale Einheit Deutschlands ein. Unmittelbar nach dem »Hambacher Fest« kam es lokal zu Aufständen, die jedoch niedergeschlagen wurden. Zum 150-jährigen Jubiläum des »Hambacher Festes« 1982 wurde das Schloss umfangreich restauriert, heute dient es als Museum und Veranstaltungsort.

Adresse Hambacher Schloss, 67434 Neustadt an der Weinstraße-Hambach | **ÖPNV** Hauptbahnhof Neustadt an der Weinstraße, Bus 502, Haltestelle Hambacher Schloss | **Pkw** A 65, Ausfahrt Neustadt a. d. Weinstr.-Süd, rechts auf B 39, nach 450 Metern links auf K 9, nach 2,7 Kilometern rechts auf Deidesfelder Weg, nach 550 Metern links auf Dammstraße, nach 400 Metern rechts auf Eichstraße/K 9, weiter auf Schlossstraße/K 9 | **Öffnungszeiten** April–Okt. Mo–So 10–18 Uhr; Nov.–März Mo–So 11–17 Uhr; 24. Dez. geschlossen | **Tipp** Die Dauerausstellung »Hinauf, hinauf zum Schloss!« im Schloss selbst erzählt die Ereignisse des Jahres 1832 und ihre Folgen. Viele Relikte des Hambacher Festes gibt es im Stadtmuseum Neustadt an der Weinstraße zu sehen.

78 Der Westwall

Moose und Flechten auf 1.000 Jahren Beton

Ein friedliches Naturidyll präsentiert sich dem Betrachter – im lichten Auenwald, vom Otterbach durchflossen, stehen die Höcker aus Stahlbeton in Reih und Glied, reichlich von Moosen und Flechten okkupiert. Die Gräben zwischen den Höckern werden teilweise als Fischteiche genutzt.

Ursprünglich dienten sie nicht sehr friedlichen Zwecken. Zusammen mit einem System aus Bunkerbauten bildeten die in fünf Reihen angeordneten Höcker den Westwall, Hitlers Verteidigungslinie zum Schutz von Deutschlands Westgrenze. Feindliche Panzer sollten auf diese Weise am Eindringen in deutsches Territorium gehindert werden. Angelegt bereits ab dem Jahr 1936, wurde der Wall erst gegen Ende des Krieges wirklich wichtig, als die Alliierten nach Deutschland vordrangen. So die Anlage eine verteidigende Wirkung hatte, war diese eher psychologischer Natur – der Respekt bei den Gegnern im Westen vor den deutschen Kriegsleistungen war groß. Militärisch stellte sich der Wall nach der Rückeroberung Frankreichs durch alliierte Truppen als leicht bezwingbar heraus. Ein erster Angriff scheiterte im Dezember 1944 noch daran, dass die Alliierten ihre Streitkräfte zur Abwehr der deutschen Ardennenoffensive verlegen mussten. Im März 1945 war der Westwall dann schnell überwunden – zu einem Zeitpunkt, da der Krieg längst entschieden war, starben hier noch viele Menschen. Die Toten wurden zumindest auf deutscher Seite häufig nicht sofort geborgen, teilweise stieß man noch bis 1950 auf nicht bestattete Leichen.

Heute erobert die Natur das Gelände zurück. In Niederotterbach wie an vielen anderen Orten zwischen Niederrhein und Basel haben sich Biotope um die Reste des Westwalls gebildet, die seltenen Tier- und Pflanzenarten ein Zuhause bieten. Der Bund für Umwelt- und Naturschutz Deutschland setzt sich in seinem Projekt »Grüner Wall« für ein zusammenhängendes Band an Naturschutzflächen entlang des Westwalls ein.

Adresse Hintergasse, 76889 Niederotterbach | **Pkw** B 9, Kandel – Straßburg, rechts auf K 15, nach 9,6 Kilometern in Schaidt links auf Hauptstraße / L 546 abbiegen, nach 2,7 Kilometern rechts auf L 544, nach 800 Metern links auf Hintergasse, circa 200 Meter hinter dem Ortsausgang rechts parken, links geht es zum Otterbach, nach 100 Metern hinter einem Häuschen wieder rechts, dem Bachlauf circa 500 Meter folgen | **Tipp** Im Westwallmuseum in der Kurfürstenstraße 21 in Bad Bergzabern wird in einem Bunker der Zusammenhang von Westwall-Bau und Militarisierung der Bevölkerung gezeigt (Karfreitag – Ende Okt. jeden 2. und 4. So im Monat und Feiertage 11 – 17 Uhr, Tel. 01525/9659063).

79__Der Zeppelinbrunnen

Ab durch die Hintertür

Im beschaulichen Nothweiler steht in der Ortsmitte der Dorfbrunnen, der seit über 100 Jahren einen berühmten Namenspatron hat: Ferdinand Graf von Zeppelin. Diesen Umstand verdankt der Brunnen nicht seiner Form – die dem von Zeppelin konstruierten Luftschiff ähnelt –, sondern seinem Inhalt: Am Zeppelinbrunnen wurde einst das Pferd des württembergischen Generalstabsoffiziers Hauptmann Ferdinand Graf von Zeppelin getränkt – und sein Reiter zeitgleich von der Dorfbevölkerung mit einem Frühstück gestärkt.

Und das kam so: Es ist der 19. Juli 1870; Frankreich hat Preußen und dessen Verbündeten soeben den Krieg erklärt. Beidseits der Ländergrenze sammeln sich die Truppen und versuchen, Ausrüstung und Stärke des Gegners zu erkunden. Am 24. Juli 1870 bricht ein zwölfköpfiger Trupp unter Hauptmann Zeppelin in Richtung Frankreich auf. Im scharfen Galopp und bei sommerlicher Hitze geht es ins Elsass, vorbei an verblüfften französischen Grenzbeamten. Telegrafenmasten werden gefällt, damit ihr Erscheinen nicht gemeldet werden kann, und sie sammeln Informationen, die sie schnell nach Karlsruhe liefern.

Inzwischen ist es der 25. Juli gegen Mittag, und der Reitertrupp rastet im Weiler Schirlenhof: die Pferde im Hof, die Reiter im Wirtshaus. Doch ausgerechnet hier spüren sie französische Soldaten auf; es beginnt ein Kampf, der das erste Opfer des Deutsch-Französischen Kriegs fordert, die Deutschen werden gefangen genommen. Nicht aber Hauptmann Zeppelin, der mit Hilfe des Wirts durch die Hintertür flieht, sich ein Pferd schnappt und im wilden Husarenritt entkommt. Am Morgen erreicht er Nothweiler, das Pferd wird getränkt, Zeppelin erhält ein Frühstück und der Brunnen später einen neuen Namen.

Die Unternehmung gilt als Paradestück der militärischen Aufklärung und steht am Beginn des Deutsch-Französischen Kriegs, der 1871 mit der Gründung des Deutschen Kaiserreichs endet.

Adresse vor Hauptstraße 22, 76891 Nothweiler | Pkw B 427, Dahn–Bad Bergzabern, bei Dahn-Reichenbach rechts auf L 489, in Bundenthal rechts auf L 478 nach Rumbach, kurz dahinter links auf K 46 nach Nothweiler bis Hauptstraße | Tipp Von hier aus startet der Aufgang zur Erzgrube Sankt-Anna-Stollen, einem sehenswerten Besucherbergwerk mit interessanter Führung, den Schildern folgen; April–Okt. Mi–So, Feiertage 11–17 Uhr (letzte Führung).

80 Die Wegelnburg

Höher die Ritter nie zechten

Wie von einem Balkon aus überblickt man die Landschaft. Ein Meer von bewaldeten Hügeln breitet sich eine Etage tiefer aus, unterbrochen von unzähligen Buntsandsteinfelsen. In der Ferne grüßt die Reichsburg Trifels (siehe Seite 14).

Mit solchem Blick wird belohnt, wer von Nothweiler aus 300 steile Höhenmeter auf die Wegelnburg bewältigt. Auf dem Gebiet der Gemeinde Schönau und direkt an der Grenze zu Frankreich gelegen, thront die Ruine auf 572 Metern und ist damit Spitzenreiter in der Pfalz. Los geht es in der Ortsmitte von Nothweiler gegenüber vom Gasthaus Wegelnburg, von dort durch die Graf-Zeppelin-Straße hinauf, am Waldrand scharf links bis man auf dem Bergkamm ankommt, oben ist alles ausgeschildert.

Im 12. Jahrhundert erbaut, wurde die Burg des Öfteren von Angreifern erobert und zerstört – zuletzt schleiften französische Truppen sie 1679 infolge des Friedens von Nijmegen nach dem Französisch-Niederländischen Krieg. Erst nach 300 Jahren machte man sich ans Aufräumen der Trümmer und die Erhaltung der noch stehenden Mauern. Bis auf einige Rundbögen, Türgewände und Fensteröffnungen ist von der Anlage nicht viel zu sehen. Da die Wohnbauten vollständig geschleift wurden, ist das frühere Erscheinungsbild der Burg kaum rekonstruierbar.

Wer nach dem Aufstieg noch Kraft hat, weite seine Tour zum Vier-Burgen-Weg aus und erklimme nur wenige Minuten südlich – im Elsass – die Ruinen Hohenburg und Löwenstein, um dann nach Südwesten zum Fleckenstein weiterzuwandern. Dort gibt es ein Kontrastprogramm zur Waldeinsamkeit der anderen Burgen: Der Fleckenstein ist samt Busparkplatz touristisch perfekt erschlossen und wird von den zweitmeisten Besuchern aller elsässischen Burgen beehrt. Von hier aus kann der Weg durchs Tal über den Gimbelhof zurück nach Nothweiler zu einem Rundweg abgeschlossen werden. Die Gesamtstrecke ist in dreieinhalb Stunden zu schaffen.

Adresse neben Graf-Zeppelin-Straße 1, 76891 Nothweiler/Schönau (Pfalz) | Pkw B 427, Dahn–Bad Bergzabern, bei Dahn-Reichenbach rechts auf L 489 Richtung Bundenthal, nach 4,3 Kilometern rechts auf L 478 Richtung Fischbach, kurz hinter Rumbach links auf K 46 nach Nothweiler, parken in der Ortsmitte (Hauptstraße), gegenüber vom Gasthaus Wegelnburg geht es in die Graf-Zeppelin-Straße, wo der Weg beginnt | Tipp Ein nicht ganz geheimer Geheimtipp für elsässische Küche ist der Gimbelhof, der an der Gesamtstrecke des Vier-Burgen-Wegs liegt, aber auch von Nothweiler per Auto erreicht werden kann: den Ort nach Süden verlassen.

81 Der Carolinensaal

Von der Leichenhalle zum Kulturzentrum

In manchen Kulturen werden Beerdigungen gefeiert. Bei den Luo in Kenia beispielsweise, wo Trauerfeiern mit Musik und Tanz enden, um das Leben der Toten zu zelebrieren – und manchmal auch, um neue Ehen anzubändeln, denn sonst finden dort kaum Veranstaltungen statt. Ist das etwa der Grund dafür, warum es in Pirmasens auf dem Alten Friedhof einen Veranstaltungsraum für Konzerte und Vorträge gibt? Um die Toten zu feiern und Ehen zu stiften?

Leider nein, denn am Umgang mit dem Tod könnte in der westlichen Kultur durchaus noch gearbeitet werden. Die einstige Leichenhalle auf dem Alten Friedhof ist zum Carolinensaal geworden, eben weil der Friedhof alt und nicht mehr in Betrieb ist. Um 1740 außerhalb der Stadtmauern angelegt (wobei Landgraf Ludwig IX. von Hessen-Darmstadt der Siedlung streng genommen erst 1763 die Stadtrechte verlieh, siehe Seite 176), wurde der Andrang über die Jahrhunderte zu groß. Zwischen 1929 und 1953 durfte nur noch in Familiengräbern bestattet werden. 1959 kam die Schließung, ab 1973 die dreijährige Umgestaltung zum Stadtpark.

Das Kulturdenkmal ist heute eine grüne Oase mitten in der Stadt und lädt zum Verweilen zwischen alten Bäumen, Grabmälern und Kunstobjekten aus Sandstein ein. Und eben auch zu Veranstaltungen (der VHS) in den Carolinensaal.

Namenspatin ist die »Große Landgräfin« Karoline Henriette von Hessen-Darmstadt, die Gattin des Stadtgründers Ludwigs IX. Ihren Beinamen erhielt sie von keinem Geringeren als Goethe. Auch die Namen anderer Gelehrter der Zeit wie Wieland und Herder standen in ihrem Adressbuch; in den landgräflichen Bücherregalen ihrer Privatbibliothek fanden neben großer Literatur vor allem französische Philosophen Platz. Während Wieland sie zur »Königin von Europa« erheben wollte, nannte Friedrich II. von Preußen sie »Zierde und Bewunderung unseres Jahrhunderts«. Glücklich also der Saal, der sich mit ihrem Namen schmücken darf!

Adresse Buchsweiler-Tor-Platz, 66953 Pirmasens-Innenstadt | **ÖPNV** Bus 255, Haltestelle Alter Friedhof | **Pkw** B 10, Landau – Pirmasens, Ausfahrt Pirmasens-Zentrum / Messe, auf Landauer Straße / L 484 in Richtung Zentrum, nach 3,4 Kilometern rechts auf Volksgartenstraße, rechts auf Friedhofstraße, rechts an der Abzweigung Buchsweilerstraße parken | **Öffnungszeiten** zu Veranstaltungen, Infos unter Tel. 06331 / 213647 | **Tipp** Die Buchsweilerstraße ist übrigens benannt nach dem hübschen elsässischen Bouxwiller, das rund 1,5 Autostunden von Pirmasens entfernt liegt. Hier lebte Karoline, während Ludwig, mit dem sie eine Konvenienzehe führte, Pirmasens zur Garnisonsstadt ausbaute.

82__Das Dynamikum

Alles in Bewegung, heute wie damals

Hätte es etwas wie das »Dynamikum Science Center« früher gegeben, vielleicht wäre ein begeisterter Natur- oder Technikwissenschaftler aus so manchem jungen Menschen geworden, und die Ingenieurbranche hätte eine Sorge weniger. Dass Schall Bewegung erzeugt, erfuhren und erfahren viele Schüler höchstens beim Zurückweichen, wenn sie vom Physiklehrer zusammengestaucht werden. Im Dynamikum können die Forscher von morgen sehen, wie Schallwellen die Bewegung von Kugeln in einem Rohr erzeugen, und diese Bewegung durch Steuern der Tonhöhe selbst bestimmen. Die Funktionsschau einer Dampfmaschine endet für Pennäler nicht selten mit der Verselbstständigung einer antiquierten Vorführkonstruktion und ihrem Sprung vom Experimentiertisch. Im »Science Center« wird vor Augen geführt, wie Zahnräder ineinandergreifen, welche Kräfte bei einer Fahrt mit einer Achterbahn wirken und wie sich Objekte wie von Geisterhand bewegen lassen.

Bewegung ist das große Thema im Dynamikum, Bewegung von Körpern. Das Ziel ist: Bewegung für den Kopf. Kinder sollen über das Entdecken und Mitmachen an etwa 160 Experimentierstationen zum Verstehen physikalischer Vorgänge befähigt werden. Auf Schautafeln werden die Fortbewegungsarten verschiedener Lebewesen vorgestellt. Am meisten Spaß machen freilich die Stationen, an denen man am eigenen Leib Bewegung oder eben nur eine Illusion davon erfahren kann – so wie beim »Drehenden Haus«, das sich gar nicht wirklich dreht. Tatsächlich bewegt sich nur ein Teil der Verkleidung. Schwindelig wird einem drinnen trotzdem.

Bewegung bekommt in den Räumen der ehemaligen Schuhfabrik Rheinberger noch einen anderen Aspekt. Der Gebäudekomplex steht sinnbildlich für den Strukturwandel. Wo einst Hunderte Arbeiter an ratternden Maschinen täglich 5.000 Paar Schuhe herstellten, hat auf großzügigen Flächen eine Mischung aus Bildungs- und Erlebnisparcours Einzug gehalten – der Strukturwandel läuft.

Adresse Fröhnstraße 8, 66954 Pirmasens-Innenstadt | ÖPNV vom Hauptbahnhof Pirmasens circa 5 Minuten Fußweg: Bahnhofstraße Richtung Innenstadt, nach 300 Metern rechts in die Gärtnerstraße, geradeaus in die Fröhnstraße | Pkw B 10, von Landau kommend, Ausfahrt Pirmasens-Mitte/Industriegebiet Nord, auf B 270, geradeaus auf Turmstraße/K 6, nach 1,3 Kilometern rechts abbiegen auf Gasstraße/K 6, gleich wieder links auf Teichstraße, nach circa 300 Metern rechts auf Fröhnstraße | Öffnungszeiten Aktuelle Informationen unter www.dynamikum.de; 24., 25., 31. Dez. und 1. Jan. geschlossen | Tipp Hinter dem Dynamikum liegt der Strecktalpark mit See und zahlreichen Sportmöglichkeiten. Unter anderem kann man hier DiscGolf spielen, eine Mischung aus Golf und Frisbee.

83 Die Hugo-Ball-Sammlung

Gadji beri bimba und das liebe schwarze Nest

Ein sinnentleertes Lautgedicht, vorgetragen in einem kubistischen Pappanzug, der entfernt an eine Bischofsmontur erinnert – so präsentierte Hugo Ball seinen »Dada« dem Publikum im von ihm mitgegründeten Cabaret Voltaire in Zürich. Das semantisch Inhaltslose in »Gadji beri bimba« – so hieß das Gedicht – sollte die Sprache wieder in den Stand der Unschuld zurückversetzen. Das Kulturbürgertum musste – das war durchaus eingeplant – diese Verse als Provokation verstehen.

Noch mehr als mit dem traditionellen Kunstverständnis fremdelte Hugo Ball mit seiner Geburtsstadt. Obgleich er die Hälfte seines Lebens hier verbrachte, kommt Pirmasens in seinen Werken nicht vor, bezeichnete er die Stadt in einem Brief als »kaum jemals ein günstiger Mutterboden für Dichter und Denker«. Umgekehrt wurde der Pazifist Ball in der Schuhstadt lange als Vaterlandsverräter gesehen. Als eines der Gymnasien der Stadt nach ihm benannt wurde, gab es einige Entrüstung.

Hugo Ball gilt heute als wichtiger Wegbereiter moderner Kunst und Einflussgeber auf Surrealismus, Pop-Art, Punk und vieles mehr. In Pirmasens hält die Hugo-Ball-Sammlung seit 1970 die Erinnerung an den berühmtesten Sohn der Stadt wach. Mittlerweile enthält sie über 6.000 Exponate, Tendenz steigend – hauptsächlich Primär- und Sekundärliteratur zu Hugo Ball und Emmy Ball-Henning, aber auch Film- und Tondokumente, Fotos, künstlerische Darstellungen und Dokumente zum Dadaismus. Auf Anfrage kann man die Sammlung in einem Nebenraum der Stadtbücherei einsehen. Seit Ende 2016 wird Hugo Ball im Hugo-Ball-Kabinett innerhalb des »Forum Alte Post« prominenter platziert. Eine Figur, die Balls Erscheinung bei seinem Auftritt im Cabaret Voltaire nachempfunden ist, wird mit Projektionen bespielt, dazu ist das berühmte Gedicht zu hören. Die Ausstellung stellt das Chaotische im Dadaismus dar. Auch eine vergoldete Totenmaske Hugo Balls ist zu sehen.

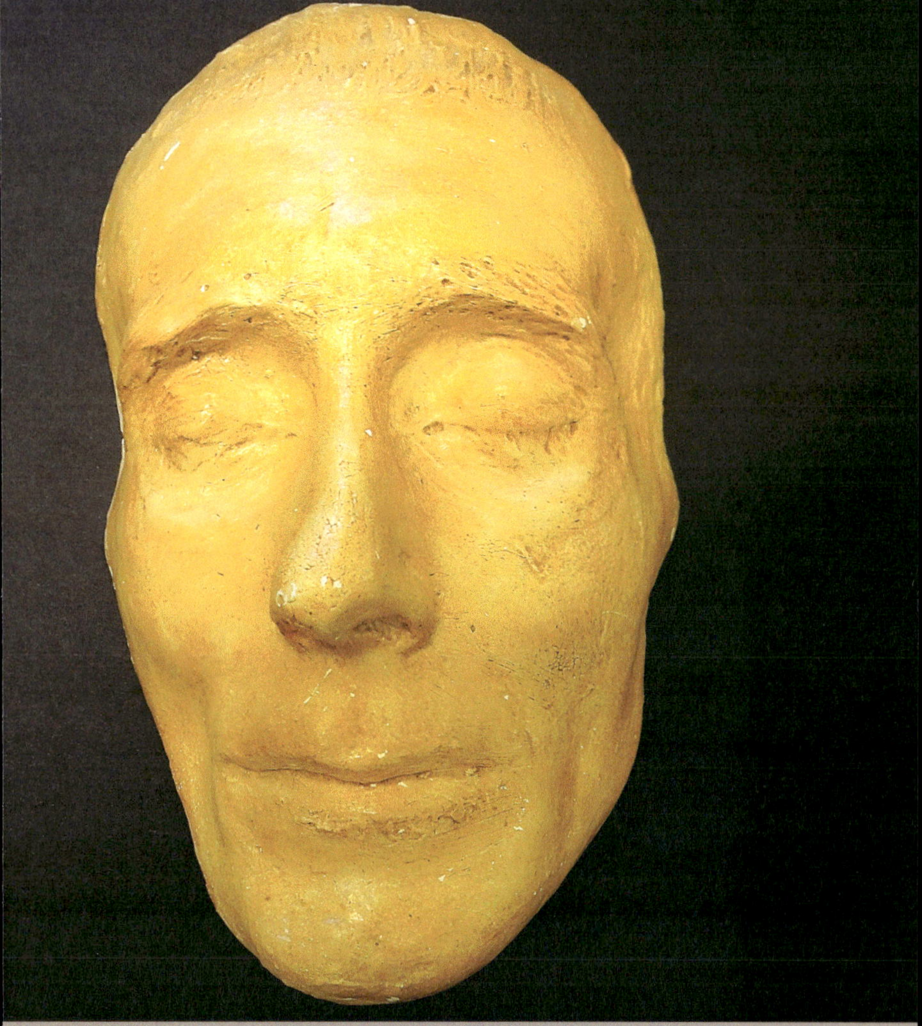

Adresse Stadtbücherei, Dankelsbachstraße 19, 66953 Pirmasens-Innenstadt; Forum Alte Post, Poststraße, 66954 Pirmasens-Innenstadt | ÖPNV Hauptbahnhof Pirmasens, Bus 208 oder 240, Haltestelle Exerzierplatz, circa 5 Minuten Fußweg durch Höfelsgasse Richtung Messe, nach 150 Metern links auf Dankelsbachstraße | Pkw B 10, von Landau kommend, Ausfahrt Pirmasens-Mitte/Industriegebiet Nord, auf B 270, links auf Zweibrücker Straße/K 1, nach 1,1 Kilometern links auf Dankelsbachstraße | Öffnungszeiten Stadtbücherei auf Anfrage (Tel. 06331/842359), Forum Alte Post Di–So 10–17 Uhr | Tipp Die erste Veröffentlichung Hugo Balls in der Zeitschrift »Der Pfälzerwald« thematisiert die Felsformation Hochstein bei Dahn. Den »Abendblick vom Hochstein« kann man nach 15 Minuten Fußweg vom Parkplatz am Fuß der Burg Altdahn erreichen (die den Burgen entgegengesetzte Richtung nehmen, Schlossstraße/K 40, 66994 Dahn).

84_Die Schlosstreppe

Donnerndes Wasser in der Stadt

Die Zahl an Hügeln, auf denen eine Stadt gebaut ist, kann man sich prima zurechtrechnen, schließlich steht nirgends geschrieben, wie hoch ein Hügel sich über der Umgebung erheben muss, um Hügel sein zu dürfen. Dass Pirmasens – wie Rom – auf sieben und nicht auf sechs oder acht Hügeln errichtet wurde, ist allerdings plausibel angesichts der städtischen Topografie. Viele Steigungen werden über viele Treppenanlagen unter Verlust von viel Schweiß überwunden. Im Zentrum verbindet die Schlosstreppe Ober- und Unterstadt – früher war dies der Weg vom Rathaus hinauf zum Schloss.

Dieses Schloss ließ Graf Johann Reinhard III. von Hanau-Lichtenberg 1720 oberhalb des Dorfes errichten – da hatte Pirmasens gerade einmal 250 Einwohner. Sein Enkel Ludwig IX. von Hessen-Darmstadt fand es hier so schön, dass er sich häuslich niederließ, eine Garnison aufbaute und der Siedlung 1763 die Stadtrechte verlieh. Gleich neben dem Schloss ließ er die nach Sankt Petersburg zweitgrößte Exerzierhalle Europas errichten – beim Bauen war man in Pirmasens stets sehr ambitioniert.

Nachdem der Landgraf 1790 starb, löste sein Nachfolger Ludwig X. die auf 2.400 Soldaten angewachsene Garnison auf. Das Schloss wurde im frühen 19. Jahrhundert abgetragen, anstelle der Exerzierhalle eine Kirche errichtet – heute steht dort die Pirminiuskirche. Zu ihr hinauf geht – seit im Zweiten Weltkrieg die Bebauung zwischen den zwei Flügeln der Schlosstreppe zerstört wurde – der Blick vom barocken Alten Rathaus, dem einzigen Überbleibsel aus Ludwigs Zeiten.

Die Anlage in ihrer heutigen Form mit Brunnen entstand 1984. Zwischen den geschwungenen Treppenflanken rauscht das Wasser in Kaskaden über roten Sandstein mit mächtigem Getöse 14 Meter hinab. Seit 1985 krönt ein bronzener Stier die Brunnenanlage, der an den europäischen Gedanken mahnen, zugleich aber auch als lederlieferndes Tier an die Schuhtradition der Stadt erinnern soll.

Adresse Schlossplatz, 66953 Pirmasens-Innenstadt | ÖPNV Bus 240, Haltestelle Exerzierplatz | Pkw B 10, Ausfahrt Pirmasens-Zentrum/Messe, links auf Haseneckstraße Richtung Zentrum, nach 180 Metern rechts auf Haseneckstraße, nach 500 Metern links auf Zeppelinstraße, nach 150 Metern rechts, nach einem Kilometer links auf Schlossstraße, nach circa 600 Metern rechts | Tipp Bei der »Pirmasenser Treppentour« wird durch die verschiedenen Treppenanlagen der Stadt geführt – neue Perspektiven auf die Stadt und Geschichten zu ihrer Entwicklung inklusive (Infos unter Tel. 06331/842299).

85 Die Schuhfabrik Peter Kaiser

Die letzten Schlabbeflicker

Vorsicht! Das Modell »Haley« weist seine Trägerin unzweifelhaft als gefährlich aus – ganz in Rot und mit hohen Absätzen sind die Pumps ein echter Hingucker in der Kollektion von Peter Kaiser. Gediegener kommt das Stiefelmodell »Ofela« ganz in Schwarz daher. Die Auswahl ist groß in der ältesten noch existierenden Schuhfabrik Europas – seit 1838 fertigen sie hier Schuhe. Bereits fünf Jahre nach dem Beginn der Produktion wurden ganze Sortimente, in Fässern verpackt, in alle Welt geliefert.

Die Schuhfabrik Peter Kaiser festigte damit ganz gehörig die Rolle von Pirmasens als Schuhmetropole. Nach und nach siedelten sich in der Stadt immer mehr Unternehmen an – im Jahr 1914 waren es 240 Betriebe mit insgesamt 14.000 Beschäftigten. Praktisch in jeder Familie war jemand in der Schuhproduktion tätig. Leicht war die Arbeit beileibe nicht und obendrein schlecht entlohnt; und dann musste man sich auch noch Spott gefallen lassen – bis heute meint man es andernorts meist nicht wohlwollend, wenn man Pirmasenser als »Schlabbeflicker« tituliert.

Die Abhängigkeit von einer einzigen Branche rächte sich, als der globale Wettbewerb rauer wurde. Die Herstellungskosten von Schuhen waren, dem großen Anteil manueller Arbeit geschuldet, im Vergleich mit anderen Ländern zu hoch – ab den 1960er Jahren wanderte die Produktion vieler Unternehmen ab.

Peter Kaiser überstand die Krisen lange gut, doch der Umbruch im Facheinzelhandel belastet. 2019 sank die Zahl der Arbeitsplätze im Pirmasenser Stammwerk auf 200. Die Corona-Pandemie traf das Unternehmen in einer Zeit schwieriger Umstrukturierungen. Im Herbst 2020 beantragte man ein Schutzschirmverfahren, bei dem die unternehmerische Verantwortung bei der Geschäftsführung bleibt. Wie es weitergeht, ist ungewiss (Stand Oktober 2020).

Adresse Schuhfabrik Peter Kaiser, Lemberger Straße 46, 66955 Pirmasens-Innenstadt | ÖPNV Bus 240, Haltestelle Exerzierplatz, dann umsteigen in Bus 207, Haltestelle Krankenhaus | Pkw B 10, Landau–Pirmasens, Ausfahrt Pirmasens-Waldfriedhof, auf Landauer Straße / L 484 in Richtung Zentrum, nach 3,5 Kilometern links auf Lemberger Straße / L 486, nach circa 500 Metern auf der rechten Seite | Öffnungszeiten Die Fabrik ist für Besucher nicht zugänglich. | Tipp Im Stadtmuseum im Alten Rathaus von Pirmasens, Hauptstraße 26, spannt die Dauerausstellung »Wald, Schloss, Schuh – die Geschichte der Siebenhügelstadt« den Bogen von der Urgeschichte über die Französische Revolution bis in die von Schuhfabrikation geprägte jüngere Geschichte der Stadt (Di–So 14–17 Uhr).

86__Der Sender Husterhöhe

»Pirmasens, the eagle has landed«

Mit dem Satz, der Adler sei gelandet, überbrachte Neil Armstrong die Botschaft: Die Mondmission Apollo 11 war am Ziel. Als Armstrong schließlich mit den legendären Worten »Ein kleiner Schritt für einen Mann, ein großer Schritt für die Menschheit!« seinen Fuß auf den fremden Himmelskörper setzte, sahen 600 Millionen Menschen auf der Erde live dabei zu. Die Signale dieses Ereignisses für Bild und Ton wurden, so sagt man in der Pfalz, vom Sender Husterhöhe des US-Militärstützpunktes Pirmasens empfangen und von hier zum Kontrollzentrum der NASA in Houston weitergeleitet. Zwar wird die Geschichte nicht von der NASA bestätigt, doch scheint es sich hierbei nicht um irgendeinen in Stadtfest-Trunkenheit entstandenen Lokalmythos zu handeln. Denn verbrieft ist, dass die Signale der zweiten Mondlandung, der Raumfähre Apollo 12 im November 1969, vom Sender Husterhöhe übertragen wurden.

Der Sender war sehr leistungsstark und stets mit der allerneuesten Kommunikationstechnik ausgestattet, was die Bedeutung des Stützpunktes unterstreicht. Zeitweise lebten hier 15.000 Soldaten und Zivilisten, die US Army wurde zu einem wichtigen Wirtschaftsfaktor für die Stadt. Nach Ende des Kalten Kriegs zog das US-Militär fast vollständig ab – bereits zwischen 1991 und 1994 verließen 10.000 Soldaten Pirmasens.

Im Medical Center, der letzten Institution der Army auf der Husterhöhe, arbeiten noch etwa 300 Menschen. Die Zeichen stehen aber auch hier auf Schließung – das medizinische Versorgungsdepot soll voraussichtlich im Frühjahr 2021 aus Pirmasens abziehen. Der Funkturm, der einst die Welt mit Bildern einer – oder mehrerer – Mondlandungen beglückte, wurde 2007 gesprengt, an seinem Standort wird mittlerweile Kfz-Bedarf verkauft – ein Beispiel für die angestrebte Konversion. Einige hundert Meter unterhalb des ehemaligen Sendemastes, direkt neben der Bundesstraße 10, steht heute ein neuer Funkmast für zivile Dienste.

Adresse Trost Auto Service Technik SE, Texas Avenue 15, 66953 Pirmasens-Innenstadt | **Pkw** B 270 von Kaiserslautern, an der Ausfahrt Sportpark Husterhöhe kurz vor dem Ortsschild links in die Georgia Avenue, am nächsten Kreisverkehr 1. Ausfahrt in die Texas Avenue | **Tipp** Der Raum Kaiserslautern ist die größte amerikanische Siedlung außerhalb der USA. In der Stadt leben etwa 48.000 US Army Soldaten, zivile Angestellte und Familienangehörige. Am besten gewinnt man einen Eindruck von »K-Town« im Stadtteil Vogelweh, an der B 270, von Pirmasens kommend kurz vor der A 6.

87__Die Villa Löser

Auch Romantik hängt am Gelde

Noch bis vor Kurzem mochte man sich in das Gebäude nicht hineinwagen, Einsturzgefahr drohte. Üppiges Grün breitete sich ungehindert an der Fassade aus, fand den Weg auch durch kaputte Fensterscheiben ins Innere. Das Dach war undicht, Witterung und Vandalismus hatten der Villa zugesetzt – das Haus war wie gemacht für einen Gruselfilm.

Dabei war die Villa Löser immer noch eines der schönsten Gebäude von Pirmasens, eine Jugendstilvilla wie aus dem Lehrbuch, 1908 erbaut und bis zu den Dachziegeln im Originalzustand. Gerade der heruntergekommene Zustand des Gebäudes und das verwilderte Grundstück erzeugten eine romantische Aura par excellence. Wer sich als Fotograf dem Vanitas-Thema verschrieben hat, durfte begeistert sein. Wie passend, dass der langjährige Besitzer und Bewohner, Wolfgang Löser, Fotograf war – und zugleich Bauamtsleiter!

Nachdem Löser ins Altersheim kam und sein Vater, ebenfalls Teilinhaber der Villa, verstorben war, geriet die Immobilie in staatliche Hände. Seit der Jahrtausendwende steht sie leer, ein Konzept, das den Erhalt sichert, gab es lange Zeit nicht. 2008 wurde sie von der Liste der erhaltenswerten Denkmäler genommen. Kulturdenkmal hin oder her – ihr Überleben hing von Kosten-Nutzen-Faktoren ab. Mehr als eine halbe Million Euro wurden für die Sanierung veranschlagt, und laut Stadtverwaltung hatten die hohen Auflagen des Denkmalschutzes Investoren abgeschreckt. Kritiker monierten indes mangelndes Interesse der Stadt an einem Erhalt. Der Abriss schien unausweichlich.

Dann kam Ende 2013 die Rettung durch einen Investor, seither wurde umfangreich renoviert. Von außen erstrahlt die Villa Löser in neuem, reichlich rosigem Glanz. Die zukünftige Nutzung steht noch nicht fest, die Villa steht zum Verkauf (Stand Oktober 2020). Um das Romantisch-Morbide ist es geschehen, doch immerhin konnte ein historisches Bauwerk vor dem vollständigen Verfall bewahrt werden.

Adresse Lemberger Straße 74, 66955 Pirmasens-Innenstadt | **ÖPNV** Bus 240, Haltestelle Exerzierplatz, dann umsteigen in Bus 207, Haltestelle PLUB | **Pkw** B 10, Landau – Pirmasens, Ausfahrt Pirmasens-Waldfriedhof, auf Landauer Straße / L 484 in Richtung Zentrum, nach 3,5 Kilometern links auf Lemberger Straße / L 486, nach circa 700 Metern auf der rechten Seite | **Tipp** Wer sich vom Grusel der unheimlichen Villa Löser entspannen möchte, findet im nahe gelegenen PLUB in der Lemberger Straße 41 Wellness, Sauna- und Badefreuden (www.plub.de).

88 Der Rhodter Piff

Das Maß aller Damen

Um die folgende Begebenheit richtig verstehen zu können, bedarf es für alle Nichtpfälzer eines Schnellkurses in Sachen Pfälzer Trink(w)einheiten: Ein Piff ist meist ein Achtelliterglas (manchmal auch weniger, das ist nicht genormt), ein Viertele fasst 250 Milliliter des Rebensaftes und der Pfälzer Schoppen einen halben Liter. Wie groß war der Protest, als das »Maß aller Dinge«, wie der Schoppen liebevoll genannt wird, auf 0,4 Liter reduziert werden sollte. Eine schnell formierte Schoppenkämpferrunde konnte Schlimmeres verhindern …

Weniger groß war allerdings der Protest im Jahr 1903. Ferdinand Seitz und sein Gasthaus »Zum Adler« in Rhodt unter Rietburg waren ob der guten Küche und Weine auch in Landau bekannt, und viele feine Damen aus der Stadt kehrten hier ein. Nun ziemte es ihnen aber nicht, öffentlich große Weinmengen zu trinken, weshalb sie lediglich einen Piff bestellten – diesen aber acht Mal!

Ferdinand Seitz war diese unechte Vornehmheit (und wahrscheinlich auch die Rennerei) leid. Zudem wäre er nicht er selbst gewesen, hätte er die Gelegenheit zum Scherzen nicht beim Schopfe ergriffen und die feinen Damen »geuzt«. Als diese mal wieder einen Piff bestellten, brachte er ihnen ein Literglas mit der Aufschrift »Rhodter Piff«. Aufkommenden Protest erstickte er mit den Worten: »Egal, was ihr in Landau unter einem Piff versteht, bei uns in Rhodt ist das ein Piff.« Es ist anzunehmen, dass die Städterinnen so verärgert über das neue Damenmaß gar nicht waren – immerhin konnten sie fortan ruhigen Gewissens behaupten, nur einen Piff getrunken zu haben.

Den »Rhodter Piff« jedenfalls gibt es heute noch; mit Echtheitszertifikat auf dem Weingut Seitz-Schreiner auch käuflich zu erwerben. Die Nachkommen Ferdinands bewirtschaften noch immer die zwölf Hektar Weinberge und führen damit in 15. Generation eine Familientradition von 1612 fort.

Adresse Weingut Seitz-Schreiner, Weinstraße 52, 76835 Rhodt unter Rietburg | **Pkw** A 65, Ausfahrt Edenkoben, Richtung Maikammer auf K 6, im 2. Kreisverkehr 3. Ausfahrt auf L 516 nehmen, rechts in Luitpoldstraße / K 6, weiter auf Klosterstraße / L 512, links ab, um auf L 512 zu bleiben, rechts auf Weinstraße / L 512, im Kreisverkehr 3. Ausfahrt und 1,5 Kilometer folgen | **Tipp** An der Ecke Theresienstraße / Turnstraße in Verlängerung der Weinstraße (nicht der L 512 folgen) steht ein Gedenkstein für Ferdinand Seitz mit der Inschrift »Erstmals ausgeschenkt von Adler-Wirt Ferd. Seitz im Jahre 1903«.

89__Der Rhodter Rosengarten

Ältester noch tragender Weinberg

»Rhodter Rosengarten« – das klingt nach floraler Pracht, doch dann steht man vor ziemlich mickrigen Gehölzen, knorrig verwachsen und steinhart. Aber die 300 Rebstöcke liefern dem Weingut Oberhofer in Edesheim jedes Jahr 100 Liter Wein oder mehr, meist den im Geschmack an Rosen erinnernden Gewürztraminer, daher der Name des Wingerts. Der Überlieferung nach soll der Weinberg mit ebendenselben Rebstöcken bereits vor dem Dreißigjährigen Krieg bestanden haben, also vor 400 Jahren. Ob der Weinberg damit der älteste der Pfalz oder gar der ganzen Welt ist – man weiß es nicht genau. Der »Rhodter Rosengarten« steht seit 40 Jahren unter Naturschutz, hier wird Wein nach den Kriterien des ökologischen Anbaus gelesen – eine 0,375-Liter-Flasche kostet schon mal weit über 100 Euro. Selbst wenn der ideelle Wert eine Rolle spielen mag, die hohen Preise gründen vor allem im vielschichtigen Aroma und der hohen Qualität.

In der Weinwelt gewinnen sehr alte Reben zunehmend an Bedeutung. Das Wurzelwerk der alten Rebstöcke ist weitverzweigt, und über die Jahre haben sich viele Mineralstoffe darin eingelagert, die in die Trauben transportiert werden. Zudem saugen die Wurzeln aus tiefer gelegenen Bodenschichten eine große Vielfalt an Geschmäckern auf. Da der Ertrag ab einem Alter von etwa 20 Jahren deutlich abnimmt, bekommt jede einzelne Traube obendrein mehr Nährstoffe ab.

Rebstöcke späterer Geburt werden ein solches Methusalem-Alter wohl kaum je erreichen, dafür sorgt schon die heute praktizierte Veredelung, das Pfropfen von Trieben einer Rebsorte auf widerstandsfähige Wurzelstöcke einer anderen Sorte. Das schützt gegen die Angriffe der Reblaus, lässt die Stöcke aber nur maximal 40 Jahre alt werden. Die Gewächse des Rosengartens überlebten die Reblaus-Katastrophen Ende des 19., Anfang des 20. Jahrhunderts übrigens gerade wegen ihres damals schon hohen Alters – die dicken Stämme schützten sie.

Adresse gegenüber Edesheimer Straße 50, 76835 Rhodt unter Rietburg | **Pkw** A 65, Ausfahrt Edenkoben, rechts auf K 6 Richtung Maikammer, nach 1 Kilometer im 2. Kreisverkehr 3. Ausfahrt auf L 516 nehmen, nach 3 Kilometern rechts auf Rhodter Straße/L 506, nach 1,6 Kilometern (am Ortseingang) auf der linken Seite | **Tipp** Die Theresienstraße, die sich durch den oberen Teil von Rhodt unter Rietburg zieht, verdient das Prädikat »malerisch« voll und ganz. Straußenwirtschaften und Weingüter in historischen Gebäuden mit Torbögen, blumen- und weinumrankt, reihen sich aneinander. Im oberen Teil wird die Straße von Kastanien gesäumt.

90__Das Museum für Zeit

Hörst du sie ticken?

Taugenichtse und Lebenskünstler – die haben genügend Zeit. Alle anderen dagegen haben ständig zu wenig oder müssen zumindest den Eindruck erwecken, als ob. Nichts erscheint so schwer greifbar und so relativ wie die Zeit. Oder um es mit Dante Alighieri zu sagen: »Die Zeit geht hin, und der Mensch gewahrt es nicht.« Wer sich mit dem hier zugrunde liegenden Vorwurf, achtlos mit ihr umzugehen, auseinandersetzen möchte, ist im »Museum für Zeit – Pfälzisches Turmuhrenmuseum« goldrichtig. Allerdings kann das unentwegte, gnadenlose Ticken der vielen Uhren auch aufs Schmerzlichste vor Augen – und fast noch mehr vor Ohren – führen, wie unermüdlich Zeit voranschreitet und wie sehr man ihr ausgesetzt ist.

Der Ort des Museums ist dem Gegenstand angemessen. Ein ehemaliger Bauernhof aus dem 18. Jahrhundert mitten in der heimeligen Altstadt von Rockenhausen gestattet dem Besucher, die hektische Gegenwart an der Tür abzugeben und sich auf eine Reise in die Welt der Zeit im Allgemeinen und die historischer Uhren im Speziellen zu begeben. Die Zeitmesser werden hier im jeweiligen Kontext ihrer Epoche und ihres Gebrauchs präsentiert – der Fokus liegt auf Uhren im öffentlichen Raum, schließlich bestimmten diese den Lebensrhythmus der Menschen in früheren Zeiten.

Begonnen hat das Museum als Pfälzisches Turmuhrenmuseum 1979. In mühevoller Handarbeit wurden die Exponate restauriert und gegen Korrosion geschützt. Ihre Zahl ist inzwischen auf über 50 angewachsen. Im Laufe der Jahre kamen auch andere Uhren hinzu – Sonnenuhren, Sanduhren, Wanduhren. Der Star unter den Ausstellungsstücken in Rockenhausen ist eine astronomische Uhr, eine der modernsten ihrer Art weltweit. Sie zeigt unter anderem die aktuelle Stellung der Planeten an und wo in der Welt gerade Sonnenauf- und -untergang ist. Und schon hat man sie wieder vor Augen, die unaufhaltsam voranschreitende Zeit.

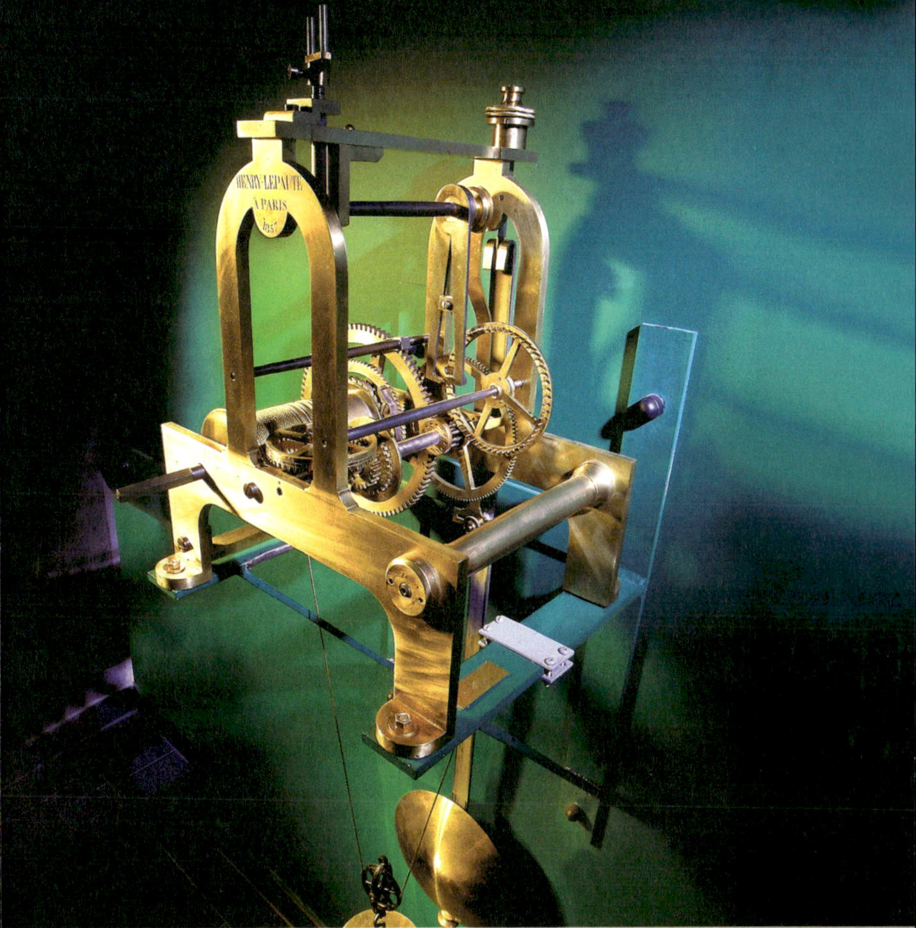

Adresse Schlossstraße 10, 67806 Rockenhausen | **Pkw** A 63, Ausfahrt Winnweiler, auf B 48 über Winnweiler Richtung Rockenhausen, nach circa 13 Kilometern am Ortseingang rechts auf Kaiserslauterer Straße, nach 1 Kilometer rechts auf Bahnhofstraße, gleich links auf Mühlweg, der zur Rognacallee wird, parken nach 500 Metern, vom oberen Ende des Parkplatzes zu Fuß zur Schlossstraße | **Öffnungszeiten** Di–So 14.30–17.30 Uhr, 24., 25. Dez., Karfreitag, Oster- und Pfingstsonntag geschlossen | **Tipp** Einen phantastischen Fernblick genießt man vom höchsten Berg der Pfalz, dem Donnersberg. Oben warten viele Wanderwege sowie keltische Wallanlagen (am nördlichen Rand von Rockenhausen auf L386 Richtung Dannenfels, nach ca. 9 Kilometern rechts zum Donnersberg).

91__Die Straußenfarm Mhou

Und es hat Mhou gemacht ...

»Es war Liebe auf den ersten Blick: Der Strauß vor mir, riesig, aufmerksam, anmutig, eigenwillig ...«, beschreibt Christoph Kistner seine Beziehung zum Riesenvogel. Er und Uschi Braun, ebenfalls vom Straußenfieber gepackt, haben 1993 die Straußenfarm Mhou gegründet – in der Südpfalz. Das geschah aber nicht einfach so: Zwei Jahre haben die beiden zuvor unter anderem in Zimbabwe alles über Verhalten und Ansprüche des bis zu 250 Zentimeter großen Tieres sowie über landwirtschaftliche Haltung und Zucht gelernt. Denn artgerechte Haltung ist auf ihrer Farm oberstes Prinzip.

Heute leben dort rund 80 Zuchtstrauße der Rasse Zimbabwe Blau in festen Familien mit je einem Hahn und bis zu vier Hennen. Maximal 60 Eier im Jahr legt eine Henne auf der Mhou-Farm, die bis August maschinell in der Brutstation ausgebrütet werden. Erst dann brüten die Tiere selbst, damit die Hennen keine weiteren Eier mehr legen – das wäre dann zu anstrengend. Auf den fast zwölf Hektar Weidefläche fühlen sich die Tiere straußenwohl, immerhin können sie dort nach Lust und Laune leben, sich in Schutzhütten ausruhen oder im überdachten Sandbad relaxen – auch im Winter herrscht kein Stallzwang. Die Zuchterfolge geben Uschi Braun und Christoph Kistner recht.

Übrigens: So neu ist eine deutsche Straußenfarm gar nicht, denn der Strauß stammt nicht aus Afrika, sondern aus Mittelasien, von wo er sich nach Afrika und Europa ausgebreitet hat. Noch nach der letzten Eiszeit lebte er in Mitteleuropa, und im 12. Jahrhundert schätzte Hildegard von Bingen Straußenfleisch als »das gesündeste und bekömmlichste Fleisch für den Menschen«. Damit sollten sich Besucher im Farmladen auch eindecken, nachdem sie im Farmrestaurant letzte Unsicherheiten ausgeräumt haben. Aber warum denn jetzt eigentlich Mhou? Ganz einfach, so nennt der Bantu-Stamm der Shona in Zimbabwe die Blauhalsstrauße, aus dessen Herden die Pfälzer Tiere stammen.

Adresse Am See 1, 76761 Rülzheim, www.straussenfarm-mhou.de | **ÖPNV** Stadtbahn S 51, 52, Haltestelle Rülzheim-Freizeitzentrum | **Pkw** von Karlsruhe B 10, bei Ausfahrt B 9 Richtung Ludwigshafen / Germersheim / Wörth-Mitte / Fähre fahren, bei Ausfahrt Rülzheim-Nord Richtung Rülzheim und Freizeitzentrum, circa 150 Meter nach dem Ortsende links ab Richtung Freizeitzentrum | **Öffnungszeiten** Farm, Farmladen Mo–So 10–18 Uhr; Restaurant Farmhaus März–Okt. Mo–So ab 12 Uhr, Nov.–Feb. So ab 11 Uhr | **Tipp** In der Pfalz sind nicht nur die Strauße los, hier kann man auch mit Lamas wandern, und zwar in Bad Dürkheim-Ungstein im »Naturpark Pfälzer Wald« (www.lama-wandern.de).

92 Die Fairtrade-Gemeinde

Das kleine Dorf und der Welthandel

Nachhaltigkeit fängt im Kleinen an, beim alltäglichen Handeln – so die Theorie. Die Bewohner von Rumbach haben diese Idee in die Tat umgesetzt. In dem knapp 500 Einwohner zählenden Dorf setzt man konsequent auf fairen Handel. In der Gastronomie sowie bei Sport- und Gemeindeveranstaltungen werden fair gehandelte Getränke ausgeschenkt, und auch in den Vereinen des Ortes spielt der Fairtrade-Gedanke eine wichtige Rolle. Und wie wirkt das Kleine über sich hinaus? Zum Beispiel so: Angeregt durch die Rumbacher, haben Supermärkte in den benachbarten Orten fair gehandelte Lebensmittel in ihr Sortiment aufgenommen.

So bekam die Gemeinde 2009 als erste in Rheinland-Pfalz sowie als erstes Dorf in Deutschland das Label »Fairtrade-Gemeinde« zuerkannt – vorher firmierten nur Großstädte darunter. Beim deutschlandweiten Wettbewerb »Hauptstadt des Fairen Handels« belegte der Ort den dritten Platz. Seit 2012 feierte man mehrere »Fairtrade-Tage« mit internationalen Gästen sowie mit regionalen und fair gehandelten Produkten.

Der Gedanke der Nachhaltigkeit wird in Rumbach auch sonst konsequent verfolgt. Im Energiekonzept des Dorfes hat Biomasse aus Holz eine große Bedeutung, der Wald wird naturnah bewirtschaftet. Außerdem kann man in Rumbach besichtigen, wie Ökologie und ein schönes Dorfbild harmonieren. Fachwerkhäuser mit Buntsandsteinwänden integrieren sich ins Landschaftsbild. Auf den überraschend vielen Bauernhöfen, die sich zu den Hauptstraßen hin offen zeigen, wird auf versiegelte Flächen verzichtet, typische Bauerngärten wenden sich zur Straße hin, als Umgrenzung für Grünflächen dienen Sandsteinmauern. Die Natur darf sich entfalten, überall sind grüne Nischen zu entdecken. Das alles ist schön anzusehen, und so wurde Rumbach bereits mehrfach – 2010 und 2019 – im bundesweiten Wettbewerb »Unser Dorf hat Zukunft« ausgezeichnet, 2019 gar mit einer Goldmedaille.

Adresse Hauptstraße/Ortsstraße, 76891 Rumbach | Pkw B 427, Dahn–Bad Bergzabern, bei Dahn-Reichenbach rechts auf L 489 Richtung Bundenthal, nach 4,3 Kilometern rechts auf L 478 nach Rumbach | Tipp Oberhalb von Bundenthal liegen die Fladensteine, eine bizarre Felsformation, die Kletterer von nah und fern anzieht. Teilweise bildet sich im Sommer am Fuß der Felsen, nahe dem Sportplatz von Bundenthal, ein kleines Sportkletterer-Woodstock (Bundenthal-Ortsmitte, von Dahn/Rumbach kommend, links in die Kirchstraße und den Berg hinauf).

93 Der Goldene Hut

Dekadenz in der Bronzezeit oder bloß ein alter Hut?

Tief greifende Umwälzungen der Arbeitswelt, zunehmende soziale Spreizung der Gesellschaft, Intensivierung von Handelsbeziehungen in ganz Europa bis nach Vorderasien, der Kampf um knappe Ressourcen und besonders seltene Metalle – Phänomene des 21. Jahrhunderts? Sicher, gab es aber alles auch schon in der späten Bronzezeit.

Schließlich musste Zinn, ein Grundmetall von Bronze, über weite Strecken importiert werden. Wer über die Materialvorkommen verfügte oder Handelswege kontrollierte, gehörte zur herrschenden Klasse und konnte sich den schönen Dingen des Lebens widmen – täglicher Überlebenskampf war gestern. So frönten Angehörige der Oberschicht einem weitverbreiteten Sonnenkult, dessen Priester sich bei Zeremonien mit kegelförmigen goldenen Hüten schmückten. Vier prominente Funde solcher Hüte gibt es in Mitteleuropa, der Schifferstädter ist der älteste der Reihe. Getragen wurde er als äußere Zierde über einer weiteren, vermutlich weicheren und komfortableren Kopfbedeckung, die der Form des Hutes angepasst war und ihn stabilisierte. Die Ornamente – horizontal verlaufende Zierbänder – deuten darauf hin, dass der Hut zusätzlich zur Funktion als Insignie einen Kalender abbildete und womöglich auch als solcher diente. Knappe 30 Zentimeter hoch und am Fuß 18 Zentimeter breit, wiegt der Hut von Schifferstadt gerade mal 350 Gramm – ein filigranes und erstaunlich robustes Werk. Als er im Jahr 1835 auf einem Acker bei Schifferstadt gefunden wurde, war er bis auf ein kleines herausgebrochenes Stück an der Krempe intakt – und das bei einem Alter von 3.200 Jahren!

Ob die Träger der verschiedenen Goldhüte über große Entfernungen hinweg durch eine gemeinsame Kultur verbunden waren, ist nicht bekannt. Das Original des Goldenen Hutes liegt im Historischen Museum der Pfalz in Speyer, das Exemplar im Heimatmuseum von Schifferstadt ist eine Kopie.

Adresse Kirchenstraße 17, 67105 Schifferstadt | **Pkw** A 61, Ausfahrt Schifferstadt, auf L 532 Richtung Schifferstadt, nach 3 Kilometern rechts Richtung Schifferstadt, nach 250 Metern links auf L 524, weiter auf Mutterstadter Straße, nach 1,4 Kilometern links auf Bahnhofstraße, nach 450 Metern rechts auf Kirchenstraße | **Öffnungszeiten** Aktuelle Informationen unter Tel. 06235/2489 | **Tipp** Im Historischen Museum der Pfalz in Speyer ist der Goldene Hut von Schifferstadt prominentestes Exemplar der bronzezeitlichen Sammlung. Neben der Urgeschichte und späteren Epochen hat hier auch der Wein seine eigene Sammelausstellung.

94 Der Kran von Schifferstadt

Ein Ausheben fürs Lehrbuch

Es ist einer der magischen Momente der Sportgeschichte. Bei den Olympischen Spielen 1972 in München tritt der deutsche Ringer Wilfried Dietrich im griechisch-römischen Stil gegen den Amerikaner Chris Taylor an. Fast 200 Kilogramm schwer und eigentlich eine Gewichtsklasse für sich, besiegte Taylor seine Gegner meist, indem er sie unter sich begrub. Man musste Schlimmes befürchten für die Gesundheit des Pfälzers, der selbst nicht gerade schmächtig war.

Doch bereits nach wenigen Sekunden umgriff Dietrich Taylor an der Taille, hob ihn Bauch an Bauch in die Luft – den Vier-Zentner-Mann in die Waagerechte über sich – und stürzte ihn über seinen Kopf auf die Matte. Der Kampf war beendet, und Wilfried Dietrich hatte bewiesen, warum er der »Kran von Schifferstadt« genannt wurde. Das Ausheben des Gegners war seine Spezialität.

Dabei war der Ringer aus der Pfalz zu diesem Zeitpunkt bereits am Ende seiner Karriere angelangt. Hätten die Olympischen Spiele – es waren seine fünften! – nicht in Deutschland stattgefunden, hätte er wohl nicht mehr teilgenommen. Bei diesen Spielen ohne Medaille geblieben, errang der »Kran von Schifferstadt« insgesamt fünf olympische Medaillen und holte 30 Deutsche-Meister-Titel, als einer der wenigen seiner Zunft war er sowohl im Freistil als auch im griechisch-römischen Stil erfolgreich.

In seiner Heimat Schifferstadt, einer Hochburg des Mattensports, kam Dietrich erst mit 18 Jahren zum Ringen. 1969 wurde er zum Ehrenbürger ernannt, kehrte dem Ort jedoch kurze Zeit später den Rücken. 1985 wanderte er nach Südafrika aus, wo er jedoch nie richtig glücklich wurde. Eine Rückkehr in die pfälzische Heimat war geplant, als er im Alter von nur 58 Jahren einem Herzinfarkt erlag. Wilfried Dietrich kam bei seiner Heimkehr nach Schifferstadt somit leider direkt auf den Waldfriedhof, auf seinem Grabstein finden sich seine wichtigsten Erfolge eingraviert.

Adresse Waldfriedhof, Herzog-Otto-Straße 81, 67105 Schifferstadt | **Pkw** A 61, am Kreuz Speyer-Nord auf B 9 Richtung Speyer, nächste Ausfahrt auf L 454 Richtung Schifferstadt, nach 3,8 Kilometern am Ortseingang im Kreisverkehr 1. Ausfahrt auf die Herzog-Otto-Straße, nach 750 Metern parken, auf dem Friedhof vom Haupteingang geradeaus zum Ehrengrab | **Tipp** Im 1. Deutschen Ringermuseum in Schifferstadt kann man sich über Wilfried Dietrich und die Geschichte des erfolgreichen VfK Schifferstadt, zehnmaliger Deutscher Mannschaftsmeister, informieren. Zur Zeit werden neue Räume gesucht (Oktober 2020), Informationen unter www.ringermuseum.de.

95 Der Bärenbrunnerhof

Im Tal der glücklichen Viecher

Voller Inbrunst wird hier rumgesaut. Und das im wahrsten Sinne des Wortes. Eine Großfamilie rosa-schwarzer Schwäbisch-Hällischer Landschweine suhlt sich im Familienstall, der auch über einen Open-Air-Sektor verfügt. In ihrem Heuparadies liegen die Ferkel derart apathisch herum, dass man sich ihrer Lebendigkeit nicht ganz sicher ist. Wahrscheinlich schlummern sie aber lediglich in süßen Schweineträumen. Auf dem Bärenbrunnerhof geht es den Tieren gut. Das Rindvieh erfreut sich an freiem Auslauf auf saftigen Weiden, und sogar das Federvieh kann in seinem mobilen Stall auf der Wiese nach Lust und Laune herumtollen.

Auf artgerechte Haltung und einen respektvollen Umgang mit den Tieren wird hier schon seit 1982 Wert gelegt – seither wird der Hof nach den Kriterien des Bioland-Verbands bewirtschaftet. Mit den heutigen jungen Betreibern, die aus dem Ruhrgebiet stammen und die ökologische Landwirtschaft studiert haben, wird sich das gewiss nicht ändern. Die biologisch produzierten regionalen und saisonalen Produkte werden im gemütlichen Gasthof und im Hofladen angeboten. Angesichts der glücklich wirkenden Viecher überkommt einen unweigerlich ein seltsames Gefühl von Mitleid: Ist nicht der Tod viel grausamer, wenn er mitten in ein so glücklich gelebtes Dasein hereinbricht? Diesen Gedanken kann man jedoch gleich wieder verwerfen, wenn man den Schweinen noch ein bisschen beim genüsslichen Wälzen zuschaut.

Wo sie wohnen, am Ende des Bärenbrunnertals im sanften Wiesengrund, sind Durchgangsverkehr und Ortschaften fern. Aus den waldigen Höhen ringsum ragen Klosterwand, Nonnenfels, Stern und Honig – ihres Zeichens allesamt Buntsandsteinriffe. Gerade wer dem Klettersport auf dieser von der Natur gebotenen Bühne frönt, weiß wohl auch eine naturschonend zubereitete Mahlzeit auf dem Bärenbrunnerhof zu schätzen, selbst wenn es nach dem Genuss ein glückliches Grunzen weniger gibt.

Adresse Bärenbrunnerhof 1, 66996 Schindhard | **Pkw** B 427, Dahn–Bad Bergzabern, bei Dahn-Reichenbach links auf K 41, 4,5 Kilometer über Schindhard bis zum Bärenbrunnerhof | **Öffnungszeiten** April–Anfang Nov. Mo, Mi–So 11–21 Uhr; Nov., Weihnachtsferien und 15. Feb.–März Fr 15–21 Uhr, Sa, So, Feiertage 11–21 Uhr, Dez.–15. Feb. außerhalb der Weihnachtsferien meist geschlossen (aktuell unter www.baerenbrunnerhof.de) | **Tipp** In Erfweiler – dem Nachbardorf von Schindhard – findet jedes Jahr zwischen Christi Himmelfahrt und Pfingstsamstag die Köhlerwoche statt. Man kann den traditionellen Aufbau eines Meilers sehen und den Verkohlungsprozess verfolgen.

96 Das Grenzlandbähnchen

Pendeln unter Freunden

75 Minuten dauert die Entdeckungstour im Grenzlandbähnchen von der Wissembourger Altstadt zum Deutschen Weintor in Schweigen-Rechtenbach und zurück. Es geht vorbei an malerischen Weinbergen mit Aussicht auf die Rheinebene. Dass der weiße Zug einfach so zwischen Frankreich und Deutschland den Touristen- und Kulturaustausch fördert, war alles andere als im Sinne der Erbauer des Deutschen Weintors, vor dem die Bahn, an einer Haltestelle im Weinfass, auf ihre Fahrgäste wartet.

Die Idee zum Tor, das gleichzeitig den Beginn der neu geschaffenen Deutschen Weinstraße markieren sollte, entstand 1934, als eine überreichliche Weinernte einen Preisverfall verursachte. Mit Tor und Straße wollten die nationalsozialistischen Machthaber die überregionale Bekanntheit der Pfalz als Weinbaugebiet fördern und gleichzeitig Arbeitsplätze schaffen. Zur Einweihung am 19. Oktober 1935 musste noch eine Holzattrappe herhalten – vor der Gauleiter Josef Bürckel (siehe Seite 152) eine Hetzrede gegen den französischen Nachbarn hielt. Fast genau ein Jahr später, am 18. Oktober 1936, wurde das Steintor eingeweiht – und provozierte Frankreich mit einem Relief des Reichsadlers, der ein Hakenkreuz in den Fängen hielt, und einer riesigen Hakenkreuzfahne.

Zum Glück wehen die drei Flaggen am Kotflügel der Lok heute in einem ganz anderen Wind. Die Hakenkreuze sind vom Tor entfernt, Deutschland und Frankreich haben am 22. Januar 1963 den Élysée-Vertrag zur Aussöhnung unterzeichnet, und die Südpfalz und das nördliche Elsass sind zusammen mit dem mittleren Oberrhein zum Eurodistrikt PAMINA vereint. Dieser Zweckverband erstreckt sich auf rund 6.500 Quadratkilometern und zählt 1,7 Millionen Bewohner. Rund 16.000 von ihnen arbeiten im Nachbarland und sind sogenannte Grenzgänger. Auf der Route Wissembourg–Schweigen können sie dazu das Grenzlandbähnchen nehmen.

Adresse Haltestelle Deutsches Weintor, Höhe Weinstraße 4, 76889 Schweigen-Rechtenbach | **Pkw** A 65, Ausfahrt Landau-Süd, Richtung Wissembourg/Bad Bergzabern, auf B 38 fahren bis Schweigen-Rechtenbach, im Ort im Kreisverkehr 2. Ausfahrt auf Weinstraße nehmen, 180 Meter folgen | **Öffnungszeiten** Abfahrt vom Deutschen Weintor: 31. März–Mitte Mai, 9.–30. Okt. Fr–So, Feiertage 11.50 Uhr, 14.10 Uhr, 16.05 Uhr, 17.50 Uhr; Mitte Mai–8. Okt. Mo–So (letzte Fahrt endet in Wissembourg) | **Tipp** Seit 2012 werden auf dem »Wein Walk of Fame« am Weintor Persönlichkeiten verewigt, die sich um Wein verdient gemacht haben. Den Auftakt bilden Friedrich von Bassermann-Jordan, Gerhard Schwetje und Dom Pérignon.

97 Der Wild- und Wanderpark

Kuschelzicklein und Urzeitviecher

Kinder sind grausam. Haben sie einmal eine schwächere Art entdeckt, nutzen sie ihre Machtposition schamlos aus. Das Damwild, das frei herumläuft im Silzer Wild- und Wanderpark und sich sogar streicheln lässt, kann ein Lied davon singen – es muss durch Eltern vor wilden Hetzjagden beschützt werden, die der Nachwuchs veranstaltet. Den als böse und furchterregend verrufenen Wölfen wird da schon mehr Ehrfurcht entgegengebracht. Ihre Fütterung jeden Morgen um elf Uhr ist ein Höhepunkt für viele Besucher des Parks: ein länger andauerndes und beeindruckendes Schauspiel, vertilgt doch Meister Isegrim bis zu drei Kilogramm Fleisch am Tag. Das Rudel, das eine Stärke von 14 Tieren nicht überschreiten soll, verfügt über ein eigenes 10.000 Quadratmeter großes Gehege.

Auch die mächtigen Wisente müssen sich hinter zwei Zaunreihen über mangelnden Respekt keine Sorgen machen. Kaum vorstellbar, dass die großen Tiere einst wild und frei durch die mitteleuropäische Landschaft stapften – es ist aber auch schon ein Jahrtausend vergangen seither.

15 Tierarten sind im Wild- und Wanderpark Südliche Weinstraße zu beobachten. Auf dem weitläufigen, leicht ansteigenden Terrain verteilt, lässt sich in zwei verschieden langen, ein- oder zweistündigen Rundwegen ein Eindruck gewinnen von einigen früher und heute in Mitteleuropas Wäldern und Grasflächen beheimateten Arten. Auch das Europäische Mufflon, Wildschweine und Minipferde sind vertreten. Ein Hit sind die Bergziegen, die ohne Scheu zwecks illegaler Fütterung gern Zäune erklimmen und somit, vielleicht aber auch dank ihrer Hörner, selbst Kindern die nötige Achtung abtrotzen. Gleich hinter dem Eingang wartet ein Streichelgehege vornehmlich auf die kleinen Besucher. Mit etwas Glück für Eltern und Damwild verausgabt sich mancher Nachwuchs hier bereits ausreichend, und der Rest der Tierwelt im Park bleibt von Hetzjagden verschont.

Adresse Hauptstraße, 76857 Silz in der Pfalz | **Pkw** B 38, Landau–Bad Bergzabern, kurz vor Ingenheim am Kreisverkehr 1. Ausfahrt, nach 200 Metern geradeaus weiter L 493 nach Heuchelheim, nach 2,3 Kilometern links auf Waldstraße / L 493, durch Klingenmünster, L 493 weiter folgen, in Silz weiter auf Hauptstraße / L 493, circa ein Kilometer hinter dem Ort auf der rechten Seite | **Öffnungszeiten** 15. März–15. Nov. 9–18 Uhr; 16. Nov.–14. März 10–18 Uhr | **Tipp** Zwischen Wild- und Wanderpark und dem Ort Silz liegt links der Straße der Silzer See. Eigentlich eher ein Tümpel, doch in der an Wasserflächen armen Pfalz ein hübsches Nahziel für den Abendspaziergang des Sommerfrischlers.

98__Das Elwedritsche-Museum

»Tritsch-Tritsch.« – »Ui jui jui.«

So erklingt es in der Pfalz, wenn sich zwei Elwedritsche-Jäger grüßen – nachzulesen in den »Hauptregeln für das Verhalten der Jäger bei der Elwetrittche-Jagd«. Während man sich bei Rechtschreibung und Genus uneins ist, weiß (fast) jeder Pfälzer, wer oder was die oder der Elwedritsche (-trittche) ist. Für alle anderen hier ein Auszug aus der Definition des Museums: »Eine von den Niederungen des Rheines bis in die Höhenlagen des Pfälzer Waldes vorkommende, endemische, hühnerähnliche Art, die sich mit ihrer fröhlichen Art, ihrem sanftmütigen Wesen sowie ihrer Vorliebe für die Pfälzer Rieslingstraube perfekt an ihre Umgebung angepasst hat.«

Jegliche Versuche, sie in anderen Gegenden oder Ländern anzusiedeln (was im Übrigen nach Paragraf 13 des Elwetrittchejagdgesetzes mit dem Entzug der Jagderlaubnis bestraft wird) scheiterten, weil sich die Elwedritsche ausschließlich von der Rieslingtraube ernährt. Deshalb finden sich im Museum auch Riesling-Futterspenden für die Jung-Elwedritschen in der eigenen Aufzuchtstation, die man aus verständlichen Gründen nicht betreten, aber an deren Tür man lauschen kann.

Seltenes und äußerst beeindruckendes Highlight der Sammlung ist ein 47 Millionen Jahre altes Fossil der Elwedritsche. Wissenschaftlich erforscht wird das scheue Wesen, das sich gern im Unterholz versteckt, bereits seit rund 100 Jahren am Tridschologischen Institut der Pfalz; Prof. Dr. trdsch. Adalbert Müller-Thurgau sei hier genannt als berühmter Tridschologe – manchmal auch Tritschologe, was gegebenenfalls dem Rieslingkonsum geschuldet ist. Diesen empfiehlt es sich übrigens vor der Jagd zu trinken, und zwar mindestens vier Weinschorlen, um so den menschlichen Geruch zu neutralisieren, auf den die Elwedritsche mit Flucht reagiert. Anfangen können Sie damit in der »Pfälzer Hütte«, der von Susanne Butt und Peter Günster im Erdgeschoss des Museums betriebenen Weinstube.

Adresse Antoniengasse 3, 67346 Speyer-Innenstadt | ÖPNV Bus 565, Haltestelle Postplatz, circa 3 Minuten Fußweg | Pkw A 61, Ausfahrt Speyer, 4,2 Kilometer auf B 9 Richtung Germersheim, Ausfahrt Richtung Speyer, weiter auf B 39, weiter auf Dudenhofer Straße / K 4, links auf Gilgenstraße / L 454, rechts auf Karmeliterstraße, links auf Ludwigstraße, links auf Heydenreichstraße, links auf Hellergasse, 1 Minute Fußweg | Öffnungszeiten Museum und Pfälzer Hütte Mi, Do 17 – 22 Uhr, Fr 17 – 23 Uhr, Sa 16 – 23 Uhr | Tipp In Neustadt an der Weinstraße befindet sich am Marstallplatz der Elwedritsche-Brunnen des Neustadter Bildhauers Gernot Rumpf.

99__Fährmann, hol' über

Über den Rhein nach Leipzig und zurück

Alt ist Speyer, alt ist der Dom – da dürfen Sagen nicht fehlen. Eine erzählt des »Fährmanns Traum«, den Wolfgang Müller von Königswinter 1813 zu einer Ballade gedichtet hat: Eines Nachts, es soll neblig gewesen sein, und die Glocken im Dom schlugen Mitternacht, wird ein Fährmann von einer großen, in einen Umhang gehüllten Gestalt mit der Bitte geweckt, sie und ihre sieben Begleiter über den Rhein zu setzen. Ist es die Müdigkeit oder eben doch die Geisterstunde, jedenfalls scheint es dem Fährmann, als schwebten die Gestalten in seinen Nachen, der wie von allein zum anderen Ufer gleitet. Noch mysteriöser das Versprechen der Gestalt: »Wir kommen zurück, da findst du den Lohn!«, sowie das Waffengeklirr, das der Fährmann in den nächsten Tagen von fern vernimmt.

Doch die Gestalten halten Wort – in der vierten Nacht erklingt vom rechten Rheinufer der Ruf: »Fährmann, hol' über!« Er rudert also rüber, setzt die acht wieder auf der Domseite ab und erhält von jedem eine Münze, bevor sie zum Dom schweben. Zuvor konnte der Fährmann einen Blick auf die Schwerter, Panzer und Edelsteine unter den Umhängen erhaschen, und auf jeder der mittelalterlichen Münzen erkennt er das Bildnis eines von insgesamt acht Herrschern im Heiligen Römischen Reich: Es sind seine Passagiere, die soeben zurückgekommen sind aus der Schlacht, das Reich wieder zu einen.

So die Sage, nun zum Wahrheitsgehalt: Im Dom zu Speyer liegen acht Kaiser und Könige begraben (passt also). Besagte Schlacht war die Völkerschlacht bei Leipzig vom 16. bis 19. Oktober 1813 (Waffengeklirr und vier Tage kämen hin), und die deutschen Staaten des zerfallenen Heiligen Römischen Reichs wurden beim Wiener Kongress zum Deutschen Bund vereint (lose zumindest). Ob der Fährmann wirklich lebte, ist ungewiss. Jedenfalls steht er in Bronze gegossen im Domgarten und ist Teil der Skulpturengruppe »Fährmann, hol' über«.

Adresse Im Domgarten, 67346 Speyer-Innenstadt (Parkplatz Festplatz, Geibstraße 1) | **ÖPNV** Bus 565, Haltestelle Domplatz | **Pkw** A 61, Ausfahrt Hockenheim, Richtung Speyer, 3,1 Kilometer auf L 722 fahren, 1,6 Kilometer weiter auf B 39, Ausfahrt Richtung Speyer-Zentrum / Flughafen, bei Gabelung rechts halten, Schildern nach Speyer folgen und Industriestraße / K 3 nehmen, rechts halten auf Klipfelsau, rechts halten auf Geibstraße / K 2, rechts auf Festplatz parken | **Tipp** In der Krypta des Doms ist die Kaisergruft. Hier können neben weiteren Gräbern auch die Grablegen der acht Herrscher (Konrad II., Heinrich III., Heinrich IV., Heinrich V., Philipp von Schwaben, Rudolf von Habsburg, Adolf von Nassau und Albrecht von Österreich) besichtigt werden.

100 Das Feuerbachhaus

Ein Genie mit gebrochenem Herzen

Ruhig liegt es da, das altrosa getünchte Haus, in dem 1829 der Maler Anselm Feuerbach, Sohn eines Archäologen und Enkel eines Kriminalisten (beide bedeutend und beide gleichen Namens), das Licht der Welt erblickt. Mit einem solchen Stammbaum ausgestattet, scheint Klein Anselm keine Wahl zu haben: »Alle Leute fragen mich: ›Sind Sie verwandt mit dem Archäologen Feuerbach?‹ – ›Das ist mein Vater, der Philosoph mein Onkel, der Staatsmann mein Großvater.‹ Nun sagt man: ›Wenn aus Ihnen nichts wird, da muss man an der Welt verzweifeln.‹«

Allerdings – nicht »man« verzweifelt an der Welt, sondern Anselm Feuerbach selbst. Doch der Reihe nach: Mit 15 Jahren bricht er die Schule ab und wechselt an die Düsseldorfer Kunstakademie. Auch da hält es ihn nicht, denn: »Um ein guter Maler zu sein, braucht es vier Dinge: weiches Herz, feines Auge, leichte Hand und immer frisch gewaschene Pinsel.« Von einem offiziellen Abschluss ist keine Rede, lieber schult er sich selbst an den »alten Meistern«. Obwohl talentiert, lebt er in bescheidenen Verhältnissen.

Auch in Italien, wo er fast 18 Jahre verbringt, wird es nicht besser. Trotz finanzieller Förderer wird sein Werk heftig kritisiert: Seine Motive und die gedämpften Farben treffen nicht den Geschmack der Zeit. Er selbst sagt: »Stil ist richtiges Weglassen des Unwesentlichen.« Dennoch fühlt Feuerbach sich als unverstandenes Genie: »Der Unverstand ist die unbesiegbarste Macht auf Erden.« Mit 51 Jahren stirbt er an Herzversagen – seine Stiefmutter Henriette meint: an »gebrochenem Herzen«, nimmt sich seines Vermächtnisses an und sorgt so mit dafür, dass er im 20. Jahrhundert als einer der genialsten Maler verehrt wird.

Das Feuerbachhaus wurde Anfang der 1970er vor dem Abriss gerettet und in ein Museum mit Kulturveranstaltungen umgewandelt. Über 30 Originalgemälde und Zeichnungen sowie Briefe und Bücher der Familie sind zu sehen.

Adresse Allerheiligenstraße 9, 67346 Speyer-Innenstadt, www.feuerbachhaus.de | **ÖPNV** Bus 565, Haltestelle Wormser Straße, circa 6 Minuten Fußweg | **Pkw** Anfahrt A 61, Ausfahrt Speyer, 4,2 Kilometer auf B 9 Richtung Germersheim, Ausfahrt Richtung Speyer, weiter auf B 39, weiter auf Dudenhofer Straße / K 4, links auf Gilgenstraße / L 454, rechts auf Karmeliterstraße bis Zeppelinstraße, links auf Feuerbachstraße, links auf Allerheiligenstraße | **Öffnungszeiten** Museum Aktuelle Informationen unter www.feuerbachhaus.de/museum/oeffnungszeiten; Weinstube Di–Fr ab 16 Uhr, Sa 11–14 und ab 17 Uhr, So 11–14 Uhr und nach Vereinbarung; Ferientermine siehe Webseite | **Tipp** Der Rosengarten des Museums bietet 50 Außenplätze der angegliederten Weinstube. Hier sitzt man zwischen allerlei Rosenrabatten, an deren Vorfahrinnen sich bereits Feuerbachs Stiefmutter Henriette erfreute.

101 Die Glocken des Doms

Von Kaisern und armen Sündern

Ach ja, auch ein Kaiser hat es nicht immer leicht, zu viele Gegner und Neider, die am Thron kratzen – auch in der eigenen Familie! So geschehen bei Heinrich IV., seines Zeichens Kaiser des Heiligen Römischen Reiches von 1084 bis 1105. Seine Herrschaft stützte er wie seine salischen Vorfahren auf ein von Gott verliehenes Gnadentum. Als Inbegriff dieses Anspruchs ließ Heinrich IV. die salische Königsgrablege in Speyer ausbauen: Dazu förderte er den Umbau des Doms und übertrug der Kirche zahlreiche Schenkungen.

Dies die Vorgeschichte. Ein Streit mit dem Papst, der Investiturstreit, der später mit Heinrichs Gang nach Canossa vorerst beigelegt wurde, sowie Scherereien mit seinem jüngsten Sohn Heinrich V. folgten und zwangen ihn 1105 zur Abdankung; sein Jüngster übernahm die Macht. Die Speyerer haben ihrem alten Kaiser jedoch nicht vergessen, dass sie ihm den Domausbau zu verdanken hatten. Noch an den Volksschulen lernten die Kinder die Sage vom Läuten der Glocke, aufgeschrieben von Ludwig Dillmann. Sie besagt, dass der alte Kaiser als Bettler nach Lüttich kam und erst nach langem Suchen eine einfache Herberge fand – woraufhin er krank und einsam verstarb. Just in diesem Moment läutete in Speyer die Kaiserglocke ohne menschliches Zutun, und alle Glocken des Doms und der Stadt stimmten mit ein. Dem Volk war klar: »Der Kaiser ist gestorben; weiß niemand, wo?«

Doch die Gerechtigkeit siegte: Nicht nur, dass Heinrich IV. inzwischen standesgemäß im Dom bestattet ist – als Jahre später der abtrünnige Sohn seinen Atem auf seidenen Kissen aushauchte, erklang wieder eine Glocke … diesmal aber das kleine Armesünderglöcklein, und zwar so lang, wie ein armer Sünder für den Weg zur Richtstatt benötigte. Übrigens: Wenn Sie heute die Türme nach den Glocken absuchen, sehen Sie, dass Sie nichts sehen. Das Geläut befindet sich nämlich seit jeher in der Westkuppel – die Türme sind quasi Attrappen.

Adresse Domplatz, 67341 Speyer-Innenstadt (Parkplatz Festplatz, Geibstraße 1) | ÖPNV Bus 565, Haltestelle Domplatz | Pkw A 61, Ausfahrt Hockenheim, Richtung Speyer, 3,1 Kilometer auf L 722, 1,6 Kilometer weiter auf B 39, Ausfahrt Richtung Speyer-Zentrum / Flughafen, bei Gabelung rechts halten, Schildern nach Speyer folgen und Industriestraße / K 3 nehmen, rechts halten auf Klipfelsau, rechts halten auf Geibstraße / K 2, rechts auf Festplatz parken | Tipp Das Domgarten-Café gleich hinter der Fährmann-Skulptur (siehe Seite 206) lädt ein zu einer Verschnaufpause. Ob Frühstück, kleine Snacks oder Kaffee und Kuchen, alles schmeckt wunderbar. Und mit etwas Glück sehen Sie in den alten Bäumen auch Exemplare der frei lebenden Halsbandsittiche.

102__Der Judenhof

Zentrum der abendländischen Juden im Mittelalter

»Meine Stadt soll Weltstadtflair atmen, wenn dabei zusätzlich der Finanzwirtschaft auf die Sprünge geholfen wird, kann es auch nicht schaden.« So etwas dachte sich wohl der Speyerer Bischof Rüdiger Huzmann, als er Ende des 11. Jahrhunderts Juden einlud, sich in Speyer anzusiedeln. Ihnen wurde Land verpachtet, Sicherheit versprochen und weitreichende Selbstbestimmungsrechte sowie Privilegien bei Handel und Finanzwirtschaft gewährt. Damit die ganze Stadt profitierte, sollten die neuen Mitbürger sich räumlich mit der christlichen Bevölkerung mischen und nicht wie andernorts abgetrennt in »Judengassen« leben.

So entstand eine der ersten jüdischen Gemeinden im Heiligen Römischen Reich. In deren Zentrum, dem Judenhof, lagen das Ritualbad – die Mikwe – und die Synagoge, später folgte ein gesonderter Frauenbetraum, in dem eigene Liturgien gefeiert wurden. Die Mikwe ist die älteste ihrer Art nördlich der Alpen. Hier reinigte man durch dreimaliges Untertauchen des ganzen Körpers die Seele. Frauen wuschen sich nach der Monatsblutung, der Geburt eines Kindes oder vor der Hochzeit, Männer vor dem Sabbat und vor Feiertagen.

Die jüdische Gemeinde von Speyer war eine Wiege des abendländischen, sogenannten aschkenasischen Judentums. Drei Jahrhunderte lang zog sie jüdische Gelehrte von überall her in die Stadt. Ab dem 14. Jahrhundert kam es zu antijüdischen Stimmungen und schließlich zu Pogromen, um 1500 wurde die Gemeinde aufgelöst. Grabsteine des jüdischen Friedhofs wurden fortan als Baumaterial verwendet, die Synagoge zum Zeughaus umgenutzt. Der Badeschacht diente als Pulverdepot, das bewahrte ihn zumindest vor dem vollständigen Verfall.

Erst seit 2001 sind die Überreste des jüdischen Viertels nach archäologischen Grabungen der Öffentlichkeit zugänglich. Im Museum »SchPIRA« sind unter anderem wiederentdeckte Grabsteine und bei den Pogromen vergrabene Fundstücke zu sehen.

Adresse Kleine Pfaffengasse 20/21, 67346 Speyer-Innenstadt | ÖPNV Bus 565, Haltestelle Dom/Stadthaus | Pkw A 61, Ausfahrt Speyer, auf B 9 Richtung Germersheim, nach 5 Kilometern Ausfahrt Speyer-Zentrum/Speyer-Süd, auf B 39, nach 2,8 Kilometern Ausfahrt Speyer-Zentrum, links auf Industriestraße/K 3, nach 400 Metern links auf Domplatz, links auf Kleine Pfaffengasse, nach circa 500 Metern parken, zum Judenhof circa 300 Meter zurück auf Kleine Pfaffengasse | Öffnungszeiten April–Okt. Mo–So 10–17 Uhr; Nov.–März Di–So 10–16 Uhr | Tipp Die Synagoge von Worms, etwas außerhalb der Pfalz, ist noch ein wenig älter als die Speyerer Synagoge. Sie wurde nach mehreren Zerstörungen stets wieder in ihrer ursprünglichen Form aufgebaut, zuletzt 1961, und dient heute wieder als Gebetshaus der jüdischen Gemeinde.

103 Sophie von La Roche

Die Urmutter der »Brigitte«-Herausgeberinnen

Eng aufgereiht liegen sie im Zeitschriftenregal: »Tina«, »Bella«, »Brigitte« und Co. Die Auswahl ist riesig, die Leserinnenschaft auch. Doch irgendwann geschah alles das erste Mal; im Fall von echten Frauenzeitschriften, also von Frauen für Frauen, war dies Ende des 18. Jahrhunderts. Sophie von La Roche (1730–1807) ist eine der Vorstreiterinnen, und in Speyer ist ihr die »grüne Stube« im Hohenfeldschen Haus gewidmet.

Sophie gilt als erste deutschsprachige Verfasserin eines moralkritischen Romans, wenngleich die »Geschichte des Fräuleins von Sternheim« 1771 nur anonym von ihrem früheren Verlobten Christoph Martin Wieland herausgegeben wurde. Nach Speyer kamen sie und ihre Familie 1780 auf Einladung des Domherrn Christoph Wilibald von Hohenfeld. Ihr Mann Georg Michael Frank von La Roche war in Koblenz wegen Religionsstreitigkeiten seines Amtes enthoben worden, und Sophie half mit ihren vermehrten publizistischen Arbeiten, die Familie zu versorgen.

Ab 1783 veröffentlichte sie eine der ersten Frauenzeitschriften: »Pomona für Teutschlands Töchter«. Diesmal trat Sophie selbst als Herausgeberin auf; im Vorwort der ersten Ausgabe beschrieb sie ihr Vorhaben: »Das ›Magazin für Frauenzimmer‹ [...] zeig[t] meinen Leserinnen, was teutsche Männer uns nützlich und gefällig erachten, ›Pomona‹ wird Ihnen sagen, was ich als Frau dafür halte.« Wie in Sophies gesamtem Werk wird ihr moralisch-erzieherischer Anspruch an die Frau sichtbar, der einen Spagat zwischen Tradition und Emanzipation machte. Diese erzieherische Arbeit sollte ihrer Ansicht nach von einer Frau geleistet werden – und ihre Leserinnen gaben ihr recht: Sogar Katharina die Große ließ sich die Zeitschrift an den Zarenhof schicken. Und obwohl »Pomona« 1784 bereits wieder eingestellt wurde, hat Sophie mit ihren Rubriken wie Gesundheit, Medizin, Ernährung, Mode, Kunst und einer Ratgeberkolumne Maßstäbe gesetzt – alles Themen, die Frau heute noch gern liest.

Adresse Sophie von La Roche Gedenkstätte, Maximilianstraße 99, 67346 Speyer-Innenstadt | ÖPNV Bus 565, Haltestelle Dom/Stadthaus Speyer | Pkw B 39, Ausfahrt Richtung Speyer-Zentrum/Flughafen, bei Gabelung rechts halten, Schildern nach Speyer folgen und Industriestraße/K 3 nehmen, links ab, um auf Industriestraße zu bleiben, weiter auf Domplatz, links ab, um hier zu bleiben, weiter auf Kleine Pfaffengasse, rechts auf Flachsgasse, Fußweg | Öffnungszeiten Gedenkraum Mo–Fr 10–18 Uhr, Sa 10–16 Uhr, So 13–18 Uhr, Führungen von Gruppen nach Vereinbarung mit der Tourist-Information der Stadt Speyer | Tipp Das Hohenfeldsche Haus ist mit Gedenkraum, Galerie, Buchrestaurierung und einem Antiquariat im Erdgeschoss ein Hort von Kunst und Literatur (www.galerie-speyer.de, www.buchrestaurierung-am-dom.de und www.marsilius.de).

104 Das Technik Museum

Ein Flug durch die Technikgeschichte

Die Zeit vergeht wie im Flug – und manchmal vergeht sie auch gemeinsam mit dem Fliegen. Schon über 100 Jahre ist es her, dass in Speyer die Pfalz-Flugzeugwerke gegründet wurden. 1913 war das, und damit zählt die Pfalz zu den ältesten luftfahrttechnischen Standorten Deutschlands. 1917, der Erste Weltkrieg tobte, sollten in Speyer große Militärflugzeuge gebaut werden. Eine geeignete Halle zum Bau musste her. In Lille stand ein 7.550 Quadratmeter großes Bauwerk rum, das ab- und in Speyer wieder aufgebaut wurde.

Und wie das so ist mit dem Lauf der Zeit, ändert sich alles, so auch die Nutzung des Geländes und der Halle, die inzwischen unter Denkmalschutz steht. Und was für ein Denkmal sie ist: bis oben hin angefüllt mit Exponaten der Technikgeschichte! Die Liller Halle geht nämlich mit der Zeit und beherbergt nun die Sammlung des Technik Museums Speyer. Insgesamt wartet dieses mit 16.000 Quadratmetern Ausstellungsfläche und 15 Hektar Freigelände auf. Nicht nur Flugzeuge sind zu sehen, auch Automobile, Lokomotiven, Feuerwehrfahrzeuge und Superlative wie das größte Propellerflugzeug der Welt, die Antonov AN22.

Für einen Museumsbesuch sollte man sich also Zeit nehmen – um diese dann zu vergessen. Denn besonders viel Spaß macht es, sich auf dem Gelände treiben und die Skurrilität auf sich wirken zu lassen, die ein U-Boot (das U9 der Bundesmarine) auf dem Trockenen oder ein Jumbo-Jet (die Boeing 747-200) in luftiger Tiefe haben. Je nach Perspektive scheint Letzterer nur knapp am Hausdach vorbeizufliegen.

Besonders stolz ist man aber auf den russischen BURAN Raumgleiter. Das Spaceshuttle trat 2008 seine Reise ins Museum von Bahrain aus über das Meer nach Rotterdam an. Und die Zeit stand still, als der 36 Meter lange, 16 Meter hohe und 80 Tonnen schwere Raumgleiter auf einem Ponton (flacher Kahn) über den Rhein nach Speyer transportiert wurde.

Adresse Am Technik Museum 1, 67346 Speyer-Innenstadt | ÖPNV Bus 565, Haltestelle Technik-Museum, Speyer | Pkw A 61, Ausfahrt Hockenheim, das Museum ist ab der Ausfahrt ausgeschildert | Öffnungszeiten Mo–Fr 9–18 Uhr, Sa, So, Feiertage 9–19 Uhr | Tipp Das Technik Museum in Speyer ist der jüngere Bruder vom Auto & Technik Museum in Sinsheim. Wer noch mehr Abenteuer in Sachen Technik erleben will, nehme die circa 35-minütige Fahrt auf sich (www.sinsheim.technik-museum.de).

105 Die Burg Lichtenberg

Illegales Bauen im Mittelalter

Diese Burg hätte nie vollendet werden dürfen. Am 22. November 1214 verkündete König Friedrich II. ein Urteil seines Hofgerichts, das dem Grafen von Veldenz vorwarf, die Burg unrechtmäßig auf dem Land des Klosters Sankt Remigius zu Reims errichtet zu haben. Der Bischof zu Reims hatte den Grafen zuvor selbst beauftragt, seine Ländereien vor Räubern zu schützen, der Graf wiederum dachte sich: Beherrschen ist besser als Behüten. Nun sollte er auf königliche Anordnung wieder abreißen. Doch die Sache verlief im Sande, vielleicht wurde auch ein bisschen gekungelt, jedenfalls blieb die Burg stehen.

Ein knappes Jahrhundert später kam gar eine zweite Burg ein paar hundert Meter weiter oben auf dem Bergrücken hinzu. Sie wurde mit der Zeit ausgebaut, und ab Mitte des 15. Jahrhunderts verschmolzen beide Burgen zu einer mächtigen Festung, die nie von Feinden erobert werden konnte. Als einzige Burg in der Pfalz kam sie unbeschadet durch den Pfälzischen Erbfolgekrieg. Fast bis in moderne Zeiten erhalten geblieben, zerstörte 1799 ein Brand den größten Teil der Anlage.

Auch wenn sie heute weitgehend eine Ruine ist, macht die Anlage einiges her: Weithin sichtbar beherrscht sie das Kuseler Land, von Süden her zeichnet sich ihre Silhouette mystisch vor dem wuchtigen Bergrücken von Stolzberg und Herzerberg ab. Aus manchen Perspektiven wirkt die längste Burgruine Deutschlands gar nicht wie eine Ruine, was auch an zahlreichen Wiederaufbaumaßnahmen der letzten Jahrzehnte liegt. Der Bergfried wurde aufgestockt und überdacht. In wiedererrichteten Nebengebäuden sind eine Jugendherberge, das Musikantenland-Museum (siehe Seite 220) sowie das Geoskop, ein Museum für Geologie und Bergbaugeschichte, das Einblicke in die Urgeschichte des Pfälzer Berglandes gibt, untergebracht. Die alte Burg, illegal errichtet und in Flammen aufgegangen, ist heute ein kulturelles Zentrum des Kuseler Landes.

Adresse Burgstraße 12, 66871 Thallichtenberg | **Pkw** A 62, Ausfahrt Reichweiler, links auf K 61, nach 200 Metern rechts auf L 349, über Pfeffelbach nach Thallichtenberg, nach 5 Kilometern rechts auf L 176 Richtung Kusel, gleich links auf Burgstraße/K 23, nach 1,1 Kilometern rechts Richtung Burg Lichtenberg | **Öffnungszeiten** Burg ganzjährig; Geoskop April–Okt. Mo–So 10–17 Uhr; Nov.–März Mo–So 10–12 und 14–17 Uhr; 24. und 31. Dez. geschlossen | **Tipp** Speisen in historischen Gemäuern kann man auf Burg Lichtenberg ebenfalls. Im Burgrestaurant gibt es regionale Gerichte edel verfeinert (Mi–So 10–22 Uhr).

106_Die Wandermusikanten

Standortfaktor Musiktalent

Lustige Musikanten ziehen durch die Welt, wissen morgens nicht, wo abends ihr Bett steht. Was romantisch klingt, gründete – zumindest in der Nordwestpfalz Anfang des 19. Jahrhunderts – in Armut und Missernten. Um der Not zu entkommen, zogen viele junge Männer als Wandermusikanten in die weite Welt hinaus. Oft in Kapellen mit bis zu 15 Mann (Bläser und Streicher) ging es in angrenzende Länder, später bis nach Nord- und Südamerika oder China. Die Überfahrten verdienten sie sich als Schiffskapelle, unterwegs musizierten sie in Kaffeehäusern, in Badeorten oder im Zirkus.

Mindestens 2.500 Musikanten aus der Nordwestpfalz verdienten in der Fremde gutes Geld, das sie mit zurück in die Heimat brachten, wo dann schmucke Häuser gebaut, Restaurants und Bauernhöfe gekauft wurden. Das heimische Gewerbe profitierte ebenfalls: Instrumentenbauer, Schuhmacher, Tuchmacher und Schneider hatten reichlich Aufträge. Spannungen gab es allerdings auch. Wohlstand und Lebensstil der weit gereisten Musikanten waren den Daheimgebliebenen suspekt. Erster Weltkrieg, Radio und Schallplatte bereiteten dem Wandermusikantentum ein jähes Ende.

Das Musikantenland-Museum auf Burg Lichtenberg erinnert mit Instrumenten, figürlichen Darstellungen von Kapellen in ihren Uniformen, Fotos und Souvenirs an die Epoche. Zwei vom Pfälzer Instrumentenbauer Rudolf Sander um das Jahr 1900 angefertigte Blasinstrumente stellen wahre Superlative dar: Ein Subcontra-C-Bass gilt als größte Tuba der Welt, ein Hoch-C-Piston gleich daneben als kleinstes Blechblasinstrument.

Wie nachhaltig die Pfälzer Wandermusikanten in aller Welt wirkten, zeigt sich unter anderem, wenn der US-Präsident Staatsgäste empfängt oder in sein Amt eingeführt wird. Georg Drumm aus Erdesbach komponierte 1917 den offiziellen Zeremonienmarsch für das Weiße Haus »Hail America«. Dort wird dann allerdings auf Instrumenten in Normalgröße gespielt.

Adresse Musikantenland-Museum, Burgstraße 12, 66871 Thallichtenberg | **Pkw** A 62, Ausfahrt Reichweiler, links auf K 61, nach 200 Metern rechts auf L 349, über Pfeffelbach nach Thallichtenberg, nach 5 Kilometern am Ortseingang rechts auf L 176 Richtung Kusel, gleich links auf Burgstraße/K 23, nach 1,1 Kilometern rechts Richtung Burg Lichtenberg | **Öffnungszeiten** April–Okt. Mo–So 10–17 Uhr; Nov.–März Mo–So 10–12 und 14–17 Uhr; 24. und 31. Dez. geschlossen, im Winter 2020/21 Umbau, Datum der Wiedereröffnung offen (Stand Okt. 2020), Infos unter https://burglichtenberg-pfalz.de/museen/pfaelzer-musikantenland-museum.html | **Tipp** Die Häuser zurückgekehrter Musikanten zeugen nicht nur vom Wohlstand, manche tragen typische Merkmale wie den »Musikantengiebel«, der oft mit einer Lyra verziert wurde. Gute Beispiele finden sich in Eßweiler, etwa 15 Kilometer östlich von Kusel.

107 Das Karlstal

Höhlenleben und romantische Optimierung

Eine Szenerie wie aus dem Romantiklehrbuch: urwaldartig bewachsene Hänge, überall umgestürzte Bäume und auf dem Talboden unzählige von Moos bewachsene Gesteinsbrocken, manche groß wie ein Einfamilienhaus.

Die Moosalb, die das Tal durchfließt, bildet abwechselnd kleine Kaskaden und Gumpen, in denen das Wasser steht. Verwunschene Plätze gibt es reichlich entlang der 2,5 Kilometer langen Schlucht; wenn man den Wanderweg einmal nicht mit etlichen anderen Wanderern teilen muss und nur schwaches Licht durch das dichte Blätterdach fällt, mögen gar Gedanken an Waldgeister oder andere übernatürliche Wesen aufkommen. Gar nicht übernatürlich, aber gleichwohl unheimlich klingt die Geschichte von einer Frau, die bis 1843 in einer Höhle oben am Hang lebte. Das »Felsenweib von Trippstadt« hatte seinen Wohnplatz unter einem Felsvorsprung durch eine Mauer zu einer kleinen Wohnung abgeschlossen. Gänzlich Außenseiterin war sie nicht und ging auch keinem Hexentreiben nach, sondern arbeitete im nahen Hammerwerk und auf Gehöften der Umgebung. Auch lebten bis zu ihrer Zeit noch häufiger Menschen in Höhlen im Pfälzer Wald. Der Ort ist nur über einen schmalen, ungesicherten Pfad erreichbar.

Bereits in den 1780er Jahren wurde das Tal von einer Autorität auf dem Gebiet der Landschaftsgestaltung entdeckt. Friedrich Ludwig von Sckell, Gestalter des Englischen Gartens in München, weilte in Trippstadt, um den Schlossgarten neu anzulegen. Dabei entdeckte er das Karlstal und war begeistert von dessen Schönheit. Weil die in seinen Augen noch optimierbar erschien, nahm er ein paar Veränderungen vor. Zunächst ließ er das Tal, das bis dahin auch »Wüstes Tal« genannt wurde, durch neu angelegte Wege zugänglicher machen und Bäume zwecks besserer Übersicht fällen. Sodann ergänzte er Brücken und einen griechisch inspirierten Pavillon. Den naturbelassenen Eindruck schmälerten die Maßnahmen nicht.

Adresse Parkplatz zum Wanderweg: Klug'sche Mühle, Karlstalstraße 1, 67705 Trippstadt | **Pkw** A 6, Ausfahrt Kaiserslautern-West, B 270 Richtung Pirmasens, nach circa 10 Kilometern links auf L 500 Richtung Trippstadt, nach 4,8 Kilometern bei der Klug'schen Mühle parken | **Tipp** Der Unterhammer, einen Kilometer flussabwärts vom Eingang zur Schlucht gelegen, erinnert an die Industriegeschichte des Karlstals. Heute kann man hier leckeren Kuchen essen und vor Ort gebrauten Gerstensaft trinken.

108__Die Pälzer Weltachs

Ob immer richtig ingeschmeert wurde?

Wer hätte es nicht gern, wenn sich die ganze Welt um ihn dreht, und sei es auch nur für einen Augenblick. Im menschenleeren nördlichen Pfälzer Wald ist das möglich, man muss allerdings ein wenig Mühsal auf sich nehmen. Wer den Ort, um den sich nach Pfälzer Sicht der Dinge alles dreht, sehen will, muss einige Höhenmeter überwinden. Windumtost in der einsamsten Gegend der Pfalz steht hier auf dem Gipfel des »Kleinen Roßrück« ein Sandsteinfelsen, der den Punkt markiert, an dem die Weltachse zutage tritt.

Oben angekommen, bietet sich zumindest in nördlicher Richtung ein beeindruckender Weitblick. Wie von einem Balkon aus blickt man über mehrere von Wald bedeckte Geländestufen hinab ins Kaiserlauterer Becken. Ein guter Ort für die Landvermessung, dachte sich die bayerische Verwaltung, die Mitte des 19. Jahrhunderts hier auf einem Felsen eine pfeilerförmige Landmarke zur topografischen Erfassung der Pfälzer Welt installieren ließ.

Der Vermessungspunkt inspirierte den Mundartdichter Paul Münch, dem Felsen eine zentrale Bedeutung für die Welt dies- und jenseits des Saumagenäquators zu verleihen. Im Jahr 1909 wurde sein wichtigstes Werk, »Die pälzisch Weltgeschicht«, veröffentlicht, darin heißt es über den Ort: »Do werd die Weltachs ingeschmeert – un ufgebasst, dass nix passeert!« Das Werk erzählt in 20 Episoden, wie die Pfalz der Nabel weltgeschichtlich bedeutender Ereignisse war. Münch, der aus der weinseligen Vorderpfalz stammte, wurde über Ausbildung und Beruf in der rauen, waldreichen Westpfalz heimisch. Aufgrund seines Sprachgebrauchs und seines umfangreichen Werks in Mundart gilt er als einer der bekanntesten Heimatdichter der Pfalz.

Ein Jahrzehnt nach seinem Tod meißelte ein Forstbeamter aus Waldleiningen die Inschrift in den Felsen. Seit der Einweihung 1964 wird die Weltachse tatsächlich jedes Jahr in einer feierlichen Zeremonie eingeschmiert.

Adresse auf dem Kleinen Roßrück, 67693 Waldleiningen | Pkw B 48 Hochspeyer–Johanniskreuz, nach circa 6,5 Kilometern, an der Kreuzung mit L 504, ist auf der rechten Seite der Parkplatz »Am Stall«, von dort ausgeschildert, circa 25 Minuten Wanderweg zur »Weltachs« | Tipp Johanniskreuz, etwa neun Kilometer südlich gelegen, ist ein Nabel der Bikerwelt. Im Sommer ist der Wald vom pausenlosen Röhren schwerer Motorräder durchdrungen. Wem das zu laut ist, kann sich im Haus der Nachhaltigkeit über zukunftsfähige Energiekonzepte informieren – und dies gleich an die Biker weitergeben.

109 Die Kneispermühle

Wenig klappert noch am rauschenden Bach

Das Wandern ist des Müllers Lust, das lernt schon jedes Kind. In modernen Zeiten, da das Mahlen in Kleinbetrieben unrentabel geworden ist, kann der Müller ganz seiner wahren Leidenschaft nachgehen und zudem Fremden die alten Mühlen seiner Heimat näherbringen. Der insgesamt 25 Kilometer lange »Mühlenweg« führt von der Ruine Nanstein bei Landstuhl nach Süden durch die Täler von Arnbach, Stuhlbach und Wallhalb. Das Ziel ist Thaleischweiler-Fröschen. 13 Mühlen liegen an der Wegstrecke, so auch die Rösselmühle auf der gegenüberliegenden Seite des Bachs. Sie ist die älteste der Mühlen und war ursprünglich eine Knochenmühle, in der Tierknochen zu Dünger verarbeitet wurden. Hier ist noch ein originales Wasserrad zu sehen, das sich bis vor wenigen Jahren drehte.

Um die Kneispermühle entfachte Mitte des 18. Jahrhunderts ein Rechtsstreit: Die Bewohner des Dorfes Oberhausen wollten in ihrer eigenen, neu errichteten Katzenmühle mahlen. Der Kneispermüller setzte jedoch per Herzoglichem Bescheid durch, dass die Oberhausener zumindest in den Sommermonaten weiterhin seine Mühle nutzen mussten. Auch später ging es nicht immer friedlich zu – im Jahr 1946 wurde der seinerzeitige Müller bei einem Raubüberfall auf die Mühle getötet.

Heute könnte man unter Rosskastanien die friedliche Atmosphäre der Mühle genießen und sich Hausmannskost schmecken lassen, zum Beispiel wenn gerade mal wieder Kartoffelwoche ist – wäre da nicht die »Grumbeeretritsch«. Das scheue vogelartige Wesen ist das Westpfälzer Äquivalent zur Elwedritsche (siehe Seite 204). Genau wie ihre Vorderpfälzer Verwandte vergreift sie sich gern an beliebten Früchten der lokalen Küche, entsprechend dem regionalen Nahrungsangebot hat sie es auf Grumbeere (Kartoffeln) abgesehen. Daran, dass die Grumbeeretritsch in ihrem Bestand sehr gefährdet ist, gemahnt ein steinernes Exemplar an der Auffahrt zur Kneispermühle.

Adresse Waldgaststätte Kneispermühle, 66917 Wallhalben | **Pkw** A 62, Ausfahrt Weselberg, links auf L 473 über Harsberg nach Wallhalben, dort links auf Pirmasenser Straße/ L 475 Richtung Thaleischweiler-Fröschen, nach 3 Kilometern rechts die Kneispermühle (weitere 3 Kilometer zur Rösselmühle) | **Öffnungszeiten** Nov.–März Do–So 10–22 Uhr, April–Okt. Do–Di 10–24 Uhr | **Tipp** In ungeraden Jahren findet im Herbst der »Grumbeeremarkt« in Wallhalben statt. Bei mittelalterlicher Atmosphäre dreht sich dann kulinarisch alles um die »Grumbeer«. Das Wort »Kartoffel« sollte man bei dieser Gelegenheit tunlichst vermeiden.

110_Die Wissembourger Altstadt

Historische Puppenstube und sprachliche Pioniertat

Ein kleiner Sprung ins Elsass. Wissembourg oder Weißenburg ist voller – nicht immer friedlicher – Spuren der deutsch-französischen Geschichte. Im August 1870 war die Stadt Schauplatz der ersten Schlacht im Krieg zwischen beiden Ländern. Davon unbeschadet, ist die ganze Altstadt eine Aneinanderreihung pittoresker historischer Bauten. Allein das wellige Dach des Maison du Sel (Salzhaus) lässt den Geist in vergangene Zeiten entschweben. Daneben schlängelt sich das Flüsschen Lauter eng zwischen geduckten Fachwerkhäusern – der Wasserspiegel scheint in »Klein Venedig« auf Wohnzimmertischhöhe zu liegen.

Die Stiftskirche Saints-Pierre-et-Paul, Ende des 13. Jahrhunderts erbaut, war Teil des ehemaligen Benediktinerklosters Weißenburg, das bereits um das Jahr 660 gegründet worden war. Hier genoss der spätere Benediktinermönch und im ganzen Ostfränkischen Reich renommierte Schriftgelehrte Otfrid von Weißenburg seine religiöse Ausbildung. Otfrid wurde zwischen 790 und 800 wahrscheinlich in der Südpfalz geboren, verbrachte seine Jugend in Weißenburg und wirkte ab etwa 847 erneut hier – als Exeget, Grammatiklehrer und Bibliothekar.

Das macht den Ort zu einem wichtigen Pflaster für die Geschichte der deutschen Literatur. Das von Otfrid 863 bis 871 verfasste Evangelienbuch ist das erste Bibelepos in der Volkssprache, genauer in südrheinfränkischem Dialekt, dessen Autor namentlich bekannt ist. Eine religiöse Schrift in einer anderen als den heiligen Sprachen Hebräisch, Griechisch und Latein zu veröffentlichen, war zu damaliger Zeit eine kühne Tat.

An der Zehntscheune, zwischen Stiftskirche und Maison du Sel gelegen, ist ein Relief angebracht, das an den Pionier des Schriftdeutschen erinnert. Nirgends sonst könnte solch lange vergangene Kulturgeschichte lebendig werden als in der wunderschönen, windschiefen Altstadt von Wissembourg.

Adresse Maison du Sel, 5 Rue du Marché aux Poissons, F-67160 Wissembourg | Pkw B 38 von Landau über Bad Bergzabern nach Schweigen, auf Weinstraße / B 38 in Schweigen 2 Kreisverkehre passieren, weiter auf Route de Schweigen / D 264 nach Wissembourg, nach 900 Metern im 1. Kreisverkehr 2. Ausfahrt auf Rue de la Haute Vienne, 1. links auf Rue de la Poudrière, nach 200 Metern parken, zu Fuß weiter auf Rue du Nord, rechts auf Rue Nationale, bis zur Lauter, dort links das Maison du Sel und die Zehntscheune, rechts die Stiftskirche | Tipp Das Bruchviertel im Westen der Innenstadt besteht aus reichen Patrizierhäusern des 16. und 17. Jahrhunderts entlang der Lauter. Abgeschlossen wird die historische Pracht vom Husgenossenturm am Flusswehr (von der Stiftskirche dem Fluss nach Nordwesten folgen).

111_Die Herzogvorstadt

Im Jackpot: barockes Stadthaus

»Alle Beamte und Gemeinden des Herzogtums: Dies ist ein Befehl: Kauft Lotterielose! Herzog Christian IV. von Pfalz-Zweibrücken braucht Geld für ein prächtiges neues Viertel in seiner Residenzstadt!« Der Aufruf klingt abenteuerlich, war jedoch in der Barockzeit keine unübliche Praxis.

Der Herzog wollte, wie andere Fürsten der Zeit auch, seiner Residenzstadt neben der Enge der Altstadt eine großzügige Anlage im barocken Stil hinzufügen und plante hierfür ab 1756 ein ganz neues Viertel. Er kaufte unbebautes Gartenland vor den Toren der Stadt und dachte zunächst, Bauwillige mit großzügiger Steuerfreiheit anzulocken. Als sich nach 14 Jahren erst drei Bauherren eingefunden hatten, kam Christian auf den Coup mit der Lotterie – zweimal im Jahr sollte der Sieger einer Ausspielung ein ganzes Haus, zwei weitere je eine Häuserhälfte gewinnen, Auswärtige bekamen obendrein freies Zuzugsrecht. Es konnten dann längst nicht so viele Ausspielungen wie geplant durchgeführt werden, nur drei fanden zwischen 1770 und 1774 statt.

Der Baumeister Christian Ludwig Hautt setzte das neue Viertel um; er ließ die Häuser streng symmetrisch anlegen – zweigeschossig mit Mansardendächern, einheitlich in Größe und Stil bis ins kleinste architektonische Detail. Der Mätresse des Herzogs baute er ein Lustschlösschen. 1780 und 1788 gab es unter dem Nachfolger Herzog Karl II. August noch zwei Ziehungen, kurz bevor das Zeitalter des Absolutismus zu Ende ging.

Von Kriegszerstörungen weitgehend verschont geblieben, haben Herzogplatz, Herzogstraße, Goetheplatz und Schillerstraße ihr Gesicht bis heute größtenteils bewahrt. Verändert hat sich das Gesamtbild durch nachträgliche Anbauten und Aufstockungen sowie durch die Verbauung der Sichtachsen. Standesgemäß beherbergen heute einige der Gebäude am Herzogplatz die Stadtverwaltung, das Amts- und Landgericht, das Stadtarchiv und das Stadtmuseum.

Adresse Herzogplatz, 66482 Zweibrücken | **ÖPNV** Hauptbahnhof Zweibrücken, Bus 221, Haltestelle Bismarckstraße, 4 Minuten Fußweg durch die Schillerstraße | **Pkw** A 8, Ausfahrt Zweibrücken-Zentrum, links halten Richtung Zentrum, im Kreisverkehr 1. Ausfahrt, auf Gottlieb-Daimler-Straße, nach 600 Metern rechts auf Poststraße, nach 400 Metern links auf Kaiserstraße, nach 500 Metern rechts auf Dinglerstraße, nach 200 Metern rechts auf Herzogstraße zum Herzogplatz | **Tipp** Zweibrücken darf sich ganz offiziell »Rosenstadt« nennen. Im Rosengarten sind 2.000 verschiedene Sorten Rosen zu sehen – 60.000 Pflanzen insgesamt (vom Hallplatz gegenüber dem Herzogplatz links und etwa 700 Meter die Rosengartenstraße entlang).

1
N
0
5 km
Rockenhause
90
Thallichtenberg
105
106
Kusel
53
A63
A62
45
46
47
48
49
A6
Landstuhl
KAISERSLAUTERN
3
Neunkirchen
Bexbach
Reis-
kirchen
HOMBURG
Beeden
109
Wallhalben
A8
ZWEIBRÜCKEN
111
Pfälzer
PIRMASENS
43
Hornbach
Wald
DEUTSCHLAND
FRANKREICH
Bitche

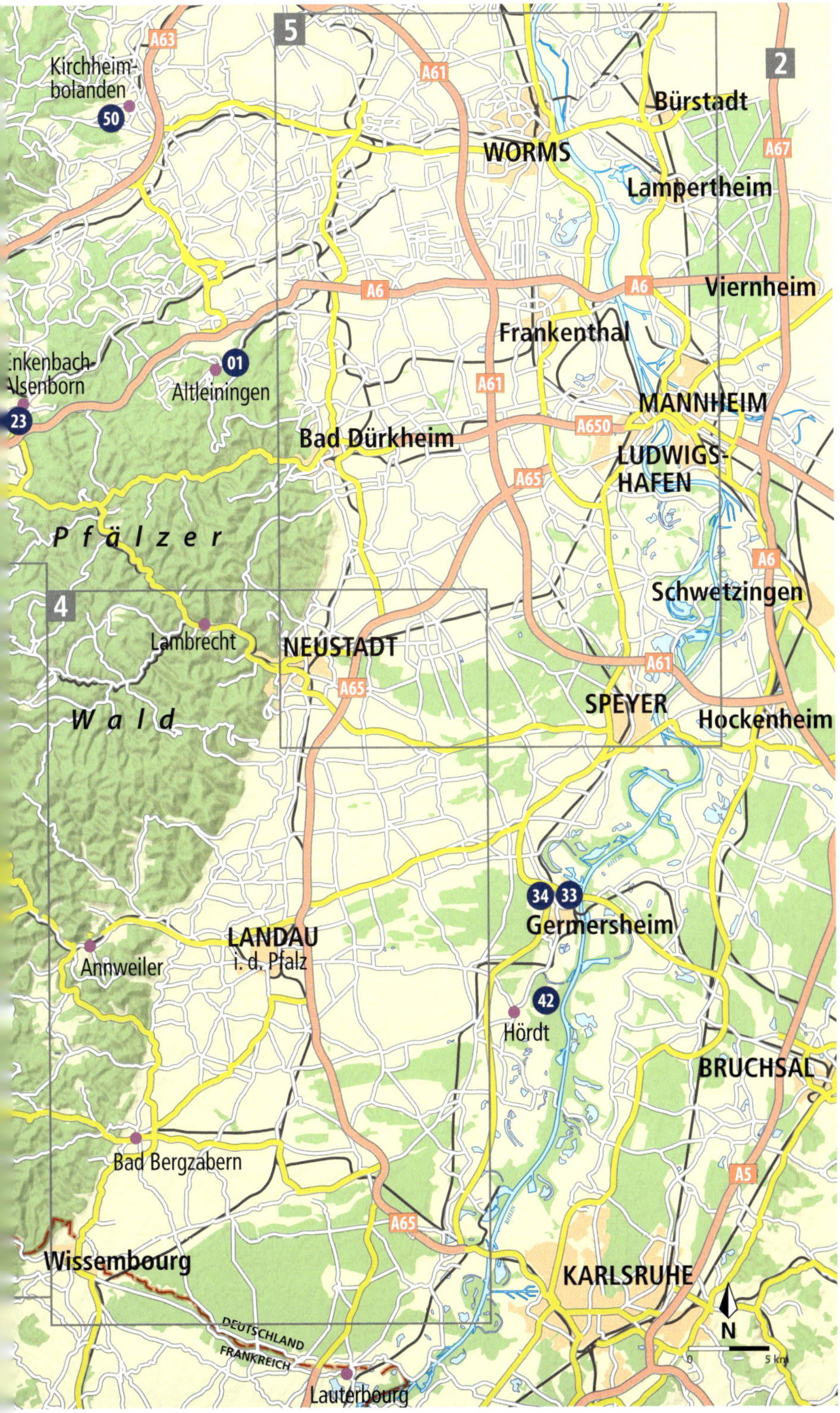
5
2
4
A63
A61
A67
A6
A6
A6
A61
A650
A65
A61
A65
A65
A5
Kirchheim-
bolanden
50
Bürstadt
WORMS
Lampertheim
Viernheim
Frankenthal
nkenbach-
Alsenborn
01
Altleiningen
23
MANNHEIM
Bad Dürkheim
LUDWIGS-
HAFEN
Pfälzer
Schwetzingen
Lambrecht
NEUSTADT
Wald
SPEYER
Hockenheim
34
33
Germersheim
LANDAU
i. d. Pfalz
Annweiler
42
Hördt
BRUCHSAL
Bad Bergzabern
Wissembourg
KARLSRUHE
N
0
5 km
DEUTSCHLAND
FRANKREICH
Lauterbourg

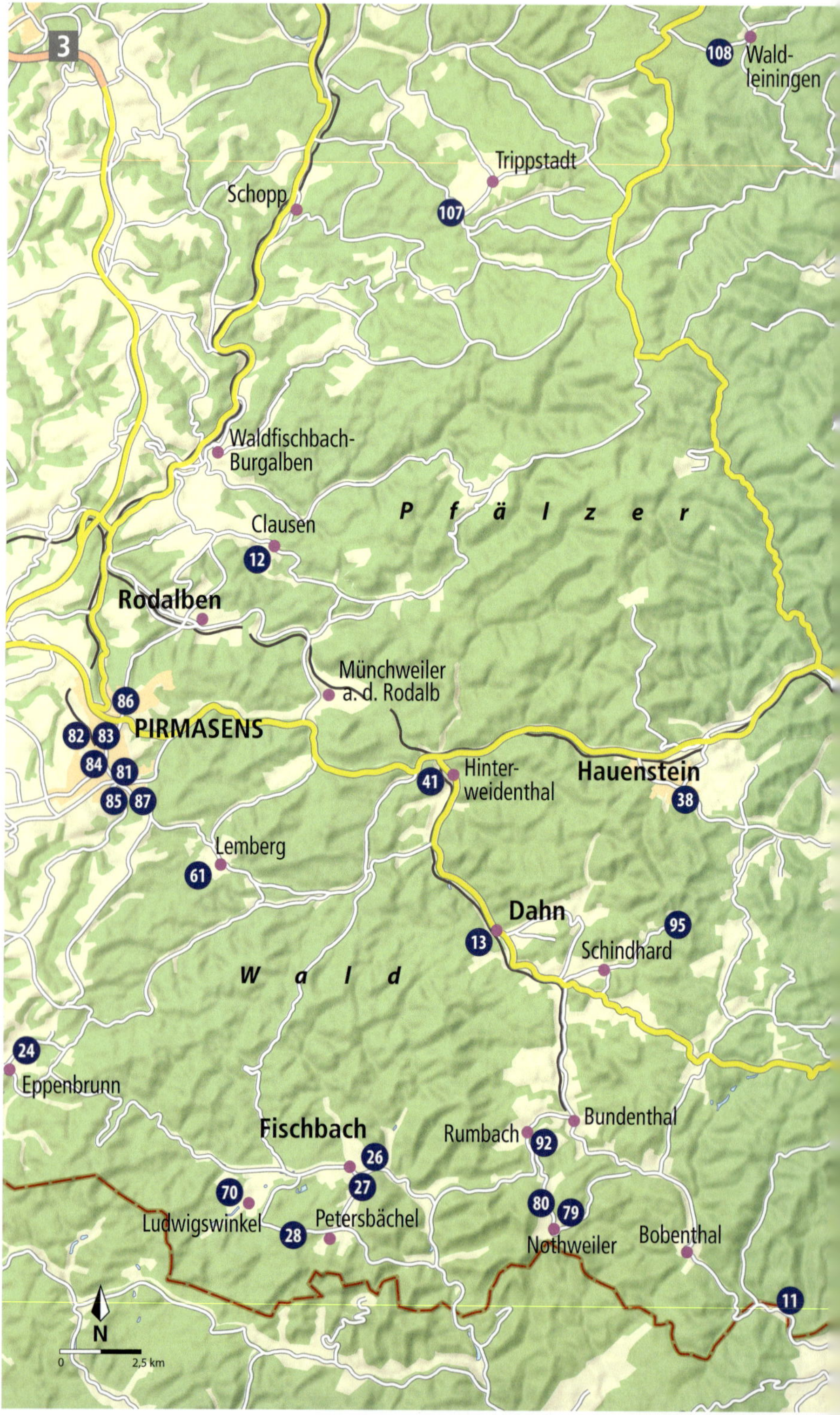
3
108
Wald-
leiningen
Trippstadt
Schopp
107
Waldfischbach-
Burgalben
Clausen
12
P f ä l z e r
Rodalben
Münchweiler
a. d. Rodalb
86
PIRMASENS
82
83
84
81
85
87
41
Hinter-
weidenthal
Hauenstein
38
Lemberg
61
Dahn
13
95
Schindhard
W a l d
24
Eppenbrunn
Fischbach
26
27
Rumbach
92
Bundenthal
70
Ludwigswinkel
28
Petersbächel
80
79
Nothweiler
Bobenthal
11
N
0
2,5 km

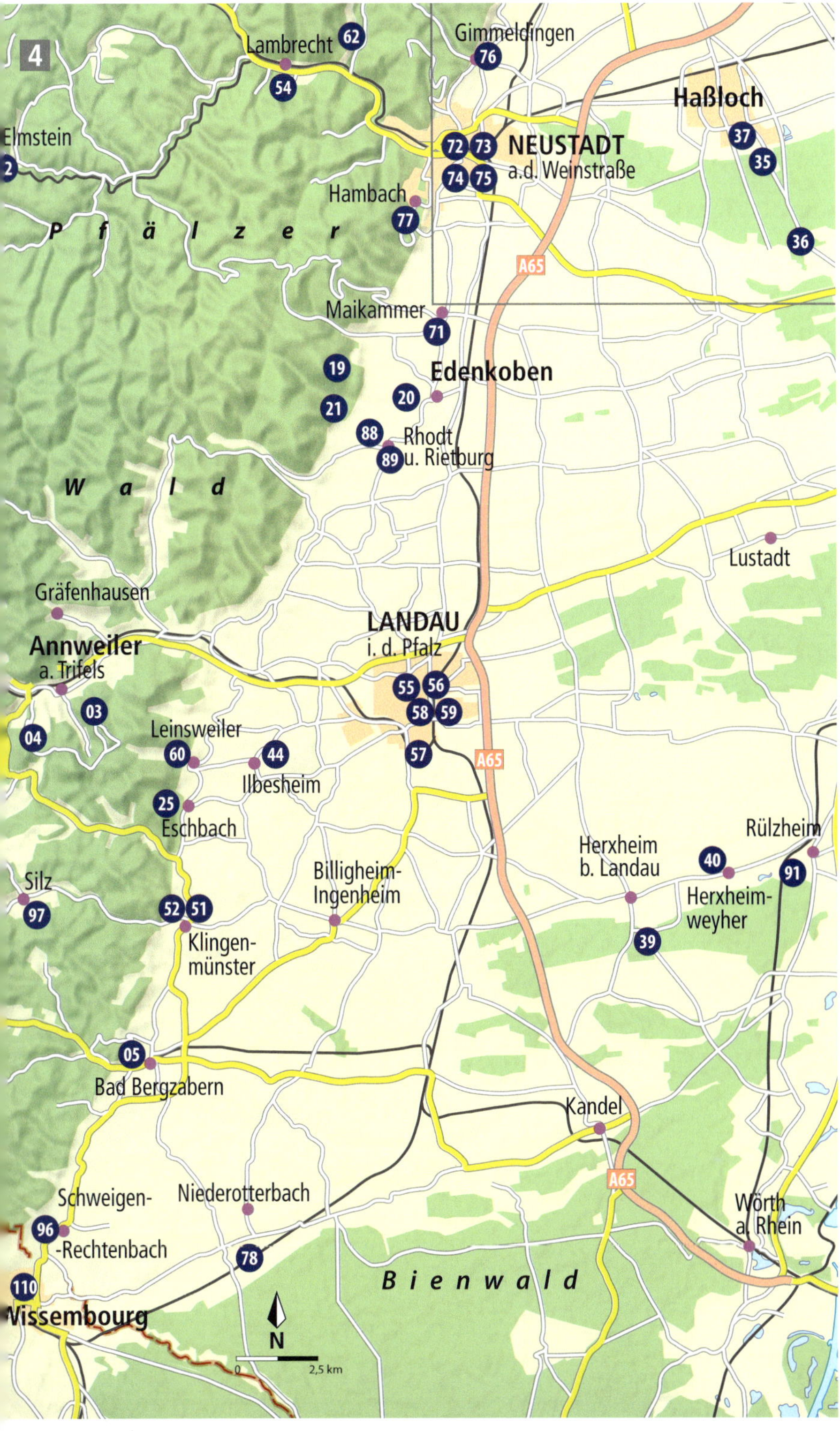

4
Lambrecht
62
54
Gimmeldingen
76
Haßloch
Elmstein
NEUSTADT
a.d. Weinstraße
72
73
74
75
37
35
36
Hambach
77
P f ä l z e r
A65
Maikammer
71
19
21
Edenkoben
20
88
Rhodt
89
u. Rietburg
W a l d
Lustadt
Gräfenhausen
LANDAU
i. d. Pfalz
Annweiler
a. Trifels
03
04
55
56
58
59
Leinsweiler
60
44
Ilbesheim
57
25
Eschbach
Rülzheim
Herxheim
b. Landau
40
91
Billigheim-
Ingenheim
Herxheim-
weyher
Silz
97
52
51
Klingen-
münster
39
05
Bad Bergzabern
Kandel
Schweigen-
-Rechtenbach
96
Niederotterbach
Wörth
a. Rhein
78
110
Bienwald
Wissembourg
N
0
2,5 km

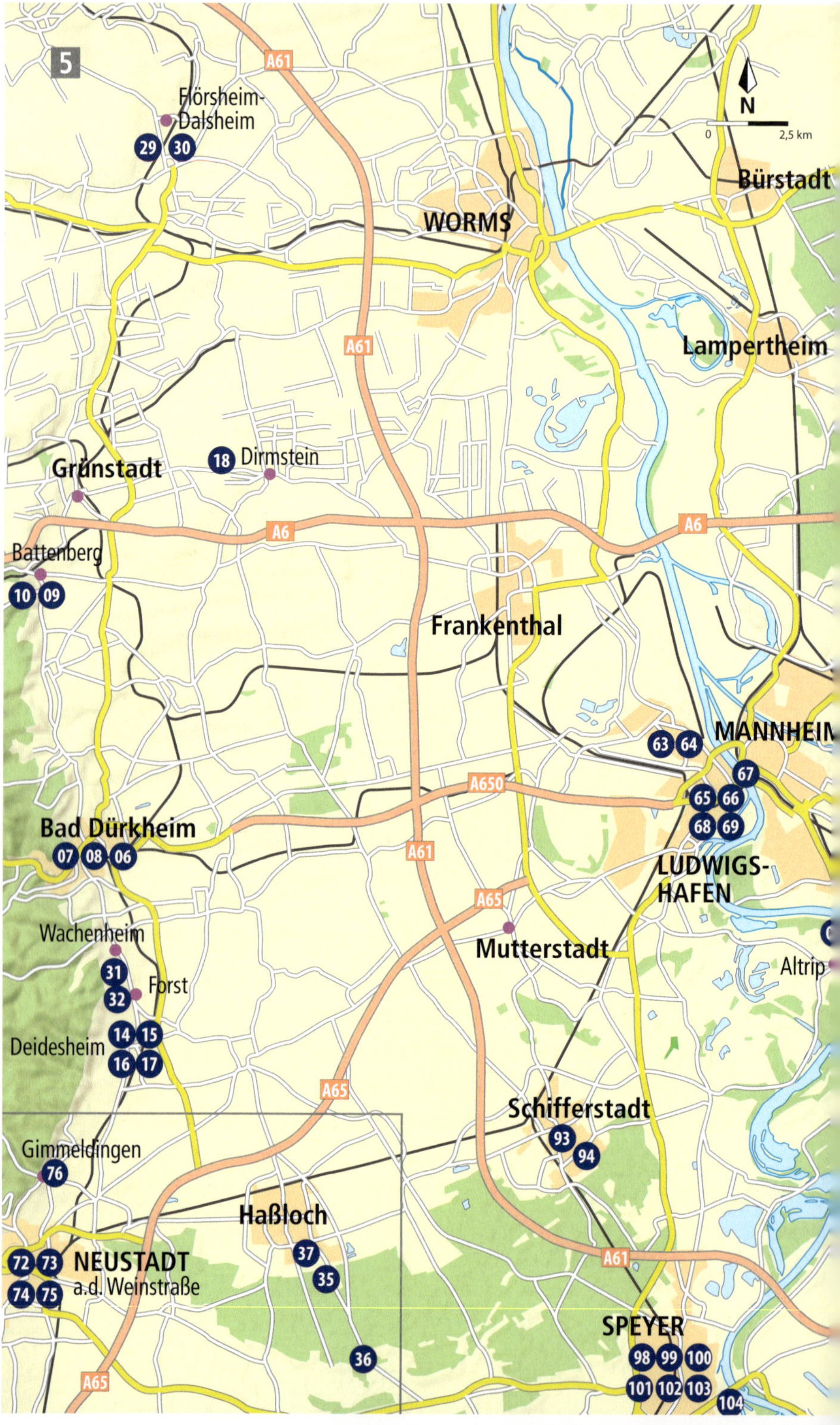
5
N
0
2,5 km
Flörsheim-Dalsheim
29
30
A61
WORMS
Bürstadt
Lampertheim
Grünstadt
18
Dirmstein
A6
Battenberg
10
09
Frankenthal
MANNHEIM
63
64
67
65
66
68
69
A650
Bad Dürkheim
07
08
06
LUDWIGS-HAFEN
A65
Mutterstadt
Altrip
Wachenheim
31
32
Forst
14
15
Deidesheim
16
17
Schifferstadt
93
94
Gimmeldingen
76
Haßloch
37
35
36
72
73
NEUSTADT
a.d. Weinstraße
74
75
SPEYER
98
99
100
101
102
103
104

Daniel Robbel, Dirk Unschuld
111 Orte im Ahrtal, die man gesehen haben muss
ISBN 978-3-7408-0850-1

Carsten Neß, Theo Haart
111 Tiere und Pflanzen an der Mosel, die man kennen muss
ISBN 978-3-7408-0563-0

Bernd Imgrund
111 Orte in der Eifel, die man gesehen haben muss
ISBN 978-3-7408-0729-0

Bernd Imgrund
111 Orte in der Eifel, die man gesehen haben muss – Band 2
ISBN 978-3-7408-0552-4

Barbara Kemmer, Frank Schmitt
111 Orte in Koblenz, die man gesehen haben muss
ISBN 978-3-7408-0439-8

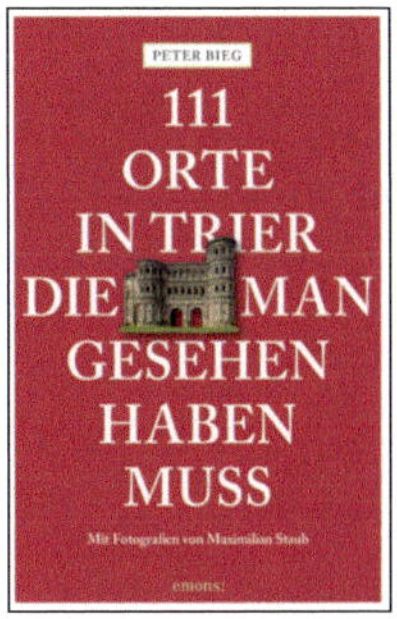

Peter Bieg, Maximilian Staub
111 Orte in Trier, die man gesehen haben muss
ISBN 978-3-95451-848-7

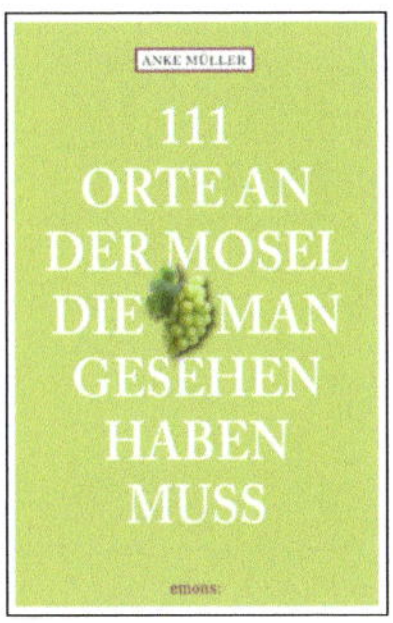

Anke Müller
111 Orte an der Mosel, die man gesehen haben muss
ISBN 978-3-95451-325-3

Elisabeth Friesenhahn, Peter Friesenhahn
111 Orte im Hunsrück, die man gesehen haben muss
ISBN 978-3-95451-319-2

Stefanie Jung
111 Orte in Rheinhessen, die man gesehen haben muss
ISBN 978-3-7408-0738-2

Stefanie Jung
111 Orte in Mainz, die man gesehen haben muss
ISBN 978-3-95451-041-2

Erwin Ulmer
111 Orte in Oberschwaben, die man gesehen haben muss
ISBN 978-3-7408-0860-0

Barbara Goerlich
111 Orte auf der Schwäbischen Alb, die man gesehen haben muss
ISBN 978-3-7408-0880-8

Barbara Riess
111 Schätze der Kultur im Schwarzwald, die man gesehen haben muss
ISBN 978-3-7408-0555-5

Ute Blessing
111 Orte im Remstal, die man gesehen haben muss
ISBN 978-3-7408-0475-6

Cornelia Lohs
111 Orte in Mannheim, die man gesehen haben muss
ISBN 978-3-7408-0554-8

Erwin Ulmer
111 Orte am oberen und mittleren Neckar, die man gesehen haben muss
ISBN 978-3-7408-0364-3

Karin Blessing
111 Schätze der Natur im Schwarzwald, die man gesehen haben muss
ISBN 978-3-95451-701-5

Eva Grubmiller, Martina Neher
111 Schätze der Natur auf der Schwäbischen Alb, die man gesehen haben muss
ISBN 978-3-7408-0248-6

HP Mayer
111 Orte in Heidelberg, die man gesehen haben muss
ISBN 978-3-7408-0246-2

Katharina Sommer
111 Orte in und um Tübingen, die man gesehen haben muss
ISBN 978-3-95451-852-4

Erwin Ulmer
111 Orte in Ulm, um Ulm und um Ulm herum, die man gesehen haben muss
ISBN 978-3-95451-856-2

Gabriele Kalmbach
111 Orte im Stuttgarter Umland, die man gesehen haben muss
ISBN 978-3-95451-855-5

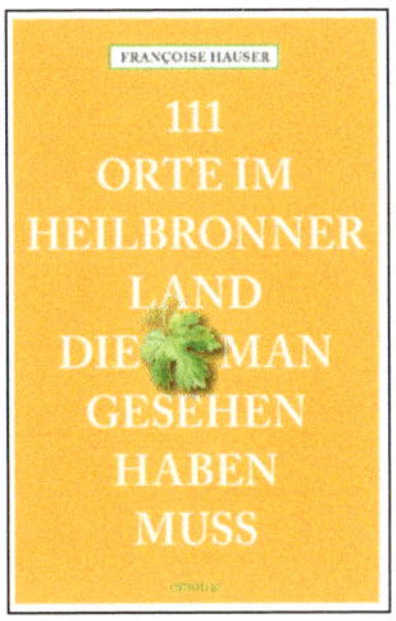

Françoise Hauser
111 Orte im Heilbronner Land, die man gesehen haben muss
ISBN 978-3-95451-842-5

Barbara Krull
111 Orte am Kaiserstuhl, die man gesehen haben muss
ISBN 978-3-95451-562-2

Lust auf mehr? Laden Sie sich die »LChoice«-App runter, scannen Sie den QR-Code und bestellen Sie weitere Bücher direkt in Ihrer Buchhandlung.

LChoice

Hier bestellen

Die Autoren

Christina Kuhn, Jahrgang 1978, studierte Geschichte, Theater-, Film- und Fernsehwissenschaft und Germanistik in Köln und Berlin und arbeitete anschließend in einem Verlag. Seit 2004 ist sie als freie Lektorin, Autorin und Onlineredakteurin für Verlage und Agenturen tätig. Sie lebt in Köln, verlässt die Stadt aber oft und gern für Reisen inner- und außerhalb Deutschlands – die Kamera immer im Gepäck. Im Emons Verlag erschienen der Kölner Allgemeinbildungstest »Wissen Sie Köln?«, der Entdeckungsführer »111 Orte in Südwestfalen, die man gesehen haben muss«, »Das große Köln Weihnachtsbuch« und der »Pfalz Abreißkalender«.

Christian Löhden studierte Germanistik, Geschichte und Ökonomie. Seit vielen Jahren ist er journalistisch sowie in der Presse- und Öffentlichkeitsarbeit tätig. Seine Jugend verbrachte er – stets auf Entdeckungstour – in den Wäldern, Burgen und Schenken der Pfalz. Seit 2006 lebt er in Köln, wo er unter anderem Mit-Betreiber einer Galerie für Fotografie ist. Mit der Kamera ausgerüstet, begibt er sich leidenschaftlich gern auf unbekanntes wie auf vertrautes Terrain und hat dabei immer wieder auch die Pfalz im Visier.

www.facebook.com/111OrteInDerPfalzDieManGesehenHabenMuss